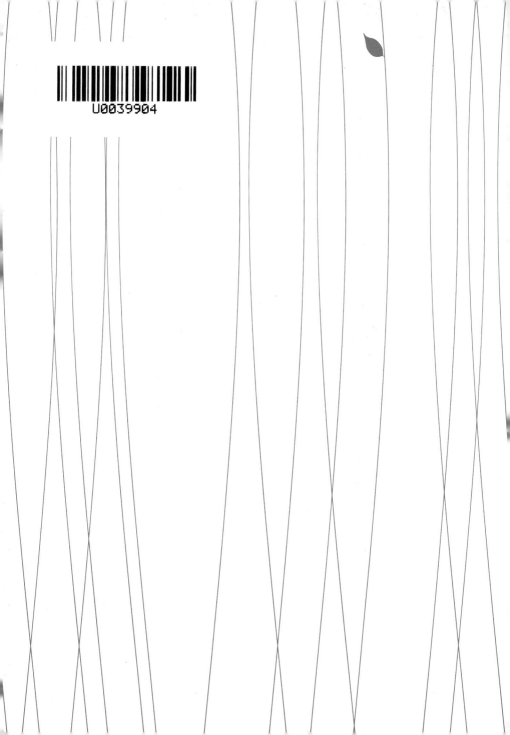

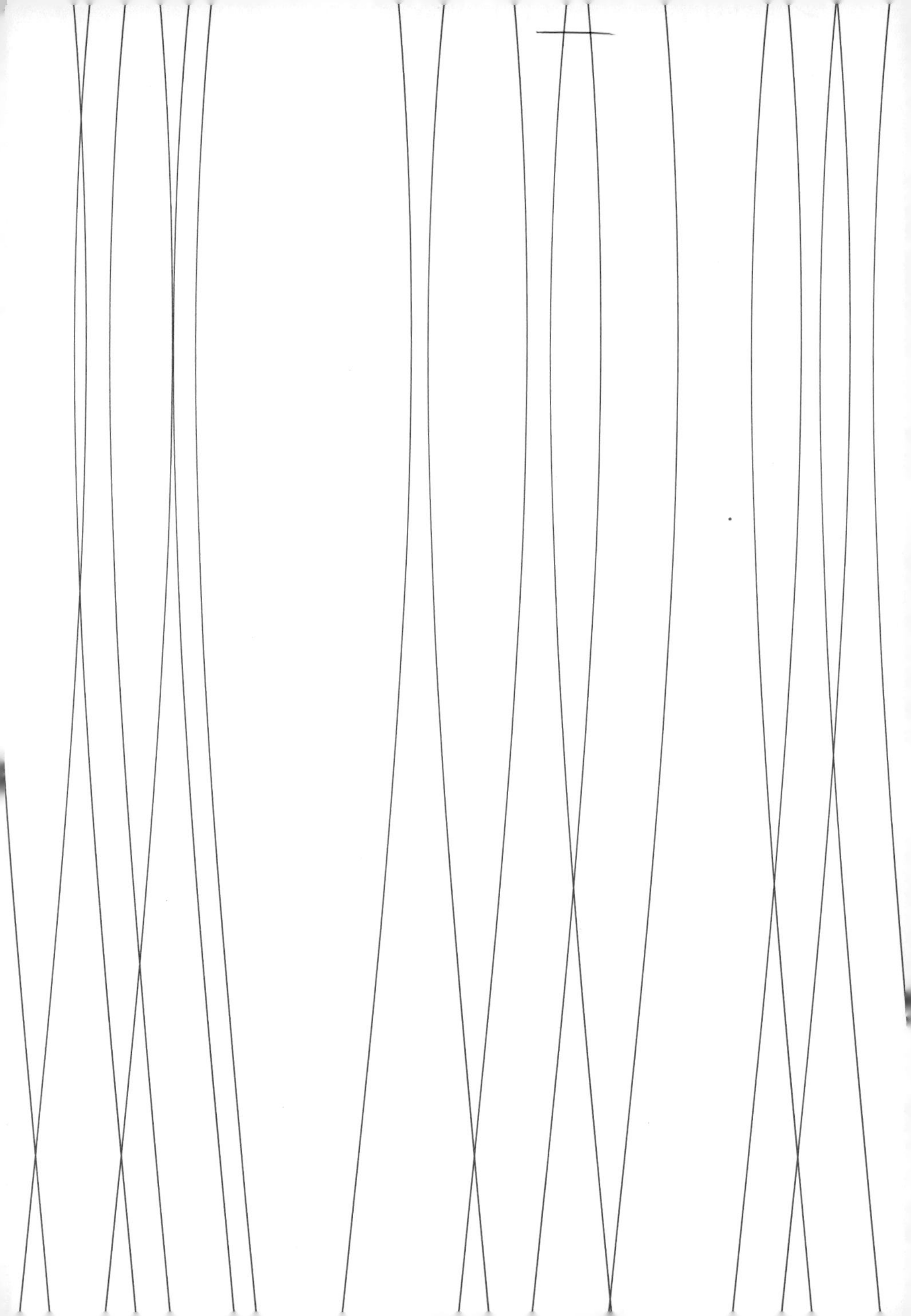

黃金之葉

行進於知識的密林裡，
途徑如此幽微。
我們尋覓一些參天古木，作爲指標，
我們也收集一些或隱或現的黃金之葉，引爲快樂。

黃金之葉
07

Net and Books 網路與書

我的知識之路—約翰・彌爾自傳 Autobiography

作者：約翰・彌爾（John Stuart Mill）
譯者：吳衡康、吳良健
責任編輯：李佳姍
編輯：曾孜榮
封面設計：張士勇工作室
法律顧問：全理法律事務所董安丹律師
出版：英屬蓋曼群島商網路與書股份有限公司台灣分公司
台北市10550南京東路四段25號10樓之一
TEL：886-2-2546-7799 FAX：886-2-2545-2951
E-mail：help@netandbooks.com
http://www.netandbooks.com

發行：大塊文化出版股份有限公司
台北市10550南京東路四段25號11樓
TEL：886-2-87123898 FAX：886-2-87123897
讀者服務專線：0800-006689
E-mail：locus@locuspublishing.com
http://www.locuspublishing.com
郵撥帳號：18955675
戶名：大塊文化出版股份有限公司
總經銷：大和書報圖書股份有限公司
地址：台北縣新莊市五工五路2號
TEL：886-2-89902588 FAX：886-2-22901658

製版：瑞豐實業股份有限公司
初版一刷：2007年6月
定價：新台幣250元

ISBN：978-986-6841-03-3
Printed in Taiwan

國家圖書館出版品預行編目資料

我的知識之路—約翰・彌爾自傳／約翰・彌爾（John Stuart Mill）著；吳衡康，吳良健譯.--初版.--臺北市：網路與書，2007〔民96〕
240面；公分.--（黃金之葉；7）
譯自：Autobiography
1.彌爾（Mill, John Stuart, 1806-1873）－傳記
2.哲學－英國－傳記
ISBN 978-986-6841-03-3（平裝）

144.53　96006399

Autobiography
John Stuart Mill

我的知識之路
約翰・彌爾自傳

約翰・彌爾 John Stuart Mill 著
郝明義 導讀　吳良健　吳衡康 譯

我的知識之路——約翰・彌爾自傳

目次

導讀

一個普通讀者如何閱讀一本「天才」之書

郝明義

記得最早讀約翰·彌爾的自傳，有點像是去看一場電影。

◎

彌爾，以嚴復過去譯為「穆勒」的名字，而為我們所熟悉。但是過去從中學教科書上所知道的，僅限於他在十九世紀集政治家、經濟學家、社會學家、哲學家等於一身，以及閱讀過他的《論自由》（*On Liberty*）。

想要讀彌爾的自傳，是因為看了一篇報導艾德勒（Mortimer Adler）求學的文章。艾德勒早年因為想當記者，輟學去報社打工，後來為了改善寫作，去上大學的夜間部課程。這時他讀到了彌爾的自傳，知道彌爾竟然是在五歲就讀了柏拉圖的書之後，艾德勒不但從此為哲學所著迷，也開始了他在大學的正式求學，最後自己在教育領域卓然成家。

我因為想知道彌爾是如何在五歲就讀柏拉圖的著作（後來發現其實是七歲），所以也跟著去讀了他的自傳。一打開書，就如同搭上一列雲霄飛車，又好像置身三維立體電影銀幕之前，五色炫目，神馳心移。

彌爾沒有進過學校，因為他父親「依照自己的意見，力圖使我得到最高等的知識教育」。於是，他三歲學希臘文，七歲讀柏拉圖的前六篇對話。八歲學拉丁文，開始讀西塞羅的演說辭，及亞里士多德的修辭學。整個童年，他熱中於閱讀及撰寫歷史的練習。其他學習的重點，則是數學。

十二歲起，開始讀亞里士多德的工具論，學習經院邏輯。十三歲讀完政治經濟學的全部課程。

十四歲學會法文。十五歲之後，彌爾則認為在促使他智力的發展方面，寫作重於讀書。

這樣，在他十四歲那年要長期離家的前夕，彌爾的父親在海德公園那個地方，跟他講了一段話：

「等我結交新朋友時，將會發覺我所接受的教育不是與我同齡的年輕人普遍懂得的。……我比別人懂得多一點，不是我有了不起的地方，只是我的命運賦予我不尋常的優越條件：有一位能教育我的父親，願意承受必要的麻煩和耗費必要的時間。……假如我知道的不比那些人多，那就是最大的羞恥了。」

我看著一個童年沒有兒童玩具，兒童讀物也只有《魯濱遜漂流記》、《唐吉訶德》的少年，一路在各種希臘史、羅馬史、歐洲及世界歷史；哲學、邏輯學、社會學、心理學、政治經濟學；狄摩西尼、西塞羅的演說；李嘉圖與亞當・斯密理論的比較閱讀中走來的過程，終至於他承認自己的學業「開始的時間要比同代人早了二十五年」。

由於這條知識之路的絢麗奪目，所以我覺得有如在觀賞一部不可名狀的電影。也由於電影的情節和效果都太過特殊，所以和一般人，尤其是一個不在西方文化環境之下的東方人的關係不大。

大約在這種心理之下，我第一次讀彌爾的自傳，也就讀到他十四歲要離家之時告一段落。

◎

這兩年因為一直在思考個人（尤其是沒受過學術訓練的「普通讀者」個人）如何建立自己的知識架構，如何進行自己的補充教育，重新拿出彌爾的自傳，並且把全書讀過一遍之後，倒又有了新的體會。

彌爾的知識之路，固然特殊，但是並不是無法學習。如果我們肯拋開三歲學希臘文、八歲學拉丁文這種學習時間上難以複製之處，如果我們可以不為他提到的許多陌生人名與書名所障礙，其實，彌爾以他條理清晰，文筆簡潔的敘述，為我們清楚地描繪出一條可供後人依循的路途。

甚至，我們可以說，正由於他說明得如此清楚，所以這一條特殊的知識之路，其實是任何一個普通讀者都可以學習的。

◎

我自己閱讀彌爾的知識之路，整理出以下的路標。

✔ 出發之前，應該知道，這是一條屬於高等教育的知識之路，的確和一般人的閱讀之路不一樣。然而，「實驗的結果證明，實施這種教育並不困難。」現在開始走這條路，雖然沒法像彌爾那樣比別人提早了二十五年開始知識之路，但可以免於晚同輩人二十五年。

✔ 在彌爾的成長過程裡，以寫作《印度史》而有歷史地位的經濟學家父親，詹姆斯·彌爾佔著決定性的因素。也許我們沒有像彌爾的父親這樣一位指導教授，但是就像彌爾當年是被他父親送上這條路程，最重要的是我們要有決心把自己送上這條路程。

✓ 踏上路程之後，沒有像彌爾父親這樣一位指導教授在旁的不足，可以由彌爾本身這本自傳來彌補。他所受訓練的過程及重點，都寫在這本書裡了。

✓ 書寫，需要語言當工具。閱讀，也需要語言當工具。所以，及早多準備一些語言能力是必須的。彌爾除了母語英文外，會希臘、拉丁、法文、德文。（贅言一句：中文世界的讀者，除了白話文或是現代漢語之外，不應該錯過文言文或是古代語。）彌爾特別強調，學語文就要立即使用，徹底學好。他的父親三歲教他希臘文時，是在紙片上寫注有英文解釋的常用希臘單字表。「至於語法，當時學會的僅僅是名詞和動詞的字形變化，幾年後才學得更深入。在讀過一陣單字之後，父親立刻叫我做翻譯。」他用自己的例子來說明，當時英國學校裡讓小學生用多年光陰只接受一點點希臘文和拉丁文知識，上不上下不下的，反而才是浪費。

✓ 有了語言可以利用之後，知識的基礎工具是歷史。讀歷史要學會從各種不同的角度讀；提醒自己作者有一個特殊角度，而不致於受其先入為主地讀。

✓ 對一個追求理性的極致的旅人來說，知識的另一個基礎工具是數學。

✓ 接下來，要及早明白邏輯的價值。「現代教育中，沒有任何學科比適當運用經院邏輯學更能造就真正的思想家，他們善於把握詞和命題的精確含義，並不被空洞含糊或模稜兩可的詞句所蒙蔽。……還特別適合作為初學哲學學生的研究課程。」

✓ 「現代教育要求孩子學習的功課盡可能輕鬆和有趣，的確這種努力值得稱讚。但是如果這個原則發展為只要求兒童學習輕快和有趣的東西，那麼必然要犧牲教育的一個主要目的。……新制度正在養成一批人，他們將沒有能力做他們不樂意做的事情。」而彌爾說，「如果不要求學生做他不會做的事情，他就永遠不會去做能做的事情。」

✓ 「大部份經過訓練而具有許多學識的兒童或少年，他的精神力不但沒有因為有學識而加強，反而受它的連累。他們的腦子裡充塞著單純的事實和他人的意見言辭，把這些東西接受下來，代替自己思想的力量。……長大後常常只成為學舌的鸚鵡，搬弄學過的東西，除了走別人走過的舊路，不會運用自己的頭腦。」

✓ 「父親絕不允許我的學習僅僅是記憶的練習。他一定要我透徹理解每一階段所受的教導，而且盡可能在施教前要我先去領悟其內容；凡是能運用自己思考得出的東西，父親從不教我，只有盡我努力還不能解決的問題才給予指點。」

✓「他力圖（甚至有點過份）喚起我的智力活動，所以一切問題都要我自己去解決，事先不向我解釋，總要在我碰到困難無法解決以後，才對我講解。他不但把這兩門（邏輯學和政治經濟學）的精確知識傳授給我，達到當時一般理解的程度，而且要我成為對二者進行獨立思考的思想家。」

✓居住空間，是很重要的。「對一個人的情操的提高，沒有比宏大而有自由空氣的住所能起更大的作用。」如果居所不能提供這樣的空間，那就應該設法讓自己多置身於這一類公共空間之內。

✓每一條知識之路，都應該有一個標竿，以彌爾來說，「父親一直以蘇格拉底美德作為教誨我的道德典範。這就是正義、克制、誠實、堅忍，有吃苦耐勞的決心，關心公益，根據人的優點評論人，根據物所固有的效益評價物，關於生活則要求努力奮鬥，反對貪圖安逸與懶散。」

✓不論讀什麼書，一定要徹底懂得，並理解其效用。理解的一個方法是，不斷地書寫。以彌爾十三歲讀完政治經濟學的過程來說，他父親「每天散步時詳盡地講解一個部份，第二天我交給他筆記的講稿，他讓我一遍一遍地重新改寫，一直到文稿清楚，明確，達到一定程度的完整。」而這樣做出來的筆記，後來甚至可以成為他父親自己寫政治經濟學要義的材料。

✓

學習之路上，有比自己高出一籌，甚至不只一籌的人相伴，是極有意義的事情。所以要及早親近一些可以啟迪思想的大人物。彌爾有一個思想家的父親在身邊不說，十二歲，有機會訪問休謨；十三歲，能認識李嘉圖，受邀去他家，和他一起散步，邊散步邊討論政治經濟學；十四歲，去法國住薩伊家，見過聖西門；十五、十六歲的時候，約翰．奧斯汀允許他跟他學羅馬法。不但得到有價值的法學入門知識，而且在他的普通教育中也是重要的一個部份。大約與此同時，他得以親炙邊沁。我們沒有彌爾這種令人稱羨的機遇，但是彌爾的自傳裡介紹了所有這些人的重要著作。讀這些人的著作，仍然是個替代的機會。

✓

先賢與前輩固然重要，同儕的相互惕勵也同樣重要。十九歲到二十歲的時候，彌爾和一些大約同齡的人組織了一個十幾個人的學習班。「每周集會兩個上午，從八點半到十點。逐步讀學科。……我成為一個有創見的獨立思想家，是從這些討論會時候真正開始的。……使我能有已經做到的和日後要做的思維工作的成就，才使我絕不把解決一半的難題當作完全解決來看待；使我絕不放棄一個難題……」

而彌爾幸運的是，他除了有這些一時俊彥的同儕之外，那位他在二十五歲認識，交往二十年後才得以結成連理的另一半，更是對他思考與寫作影響深遠的知性伴侶。

✓

這樣走在知識之路上，不應該有任何差別心。彌爾的父親特別注意防範他有自滿的毛病。「他高度警惕不使我聽到讚美的話，不讓我和別人作自我誇耀的比較。……我只能聽到對我不滿意的意見，他給我定的比較標準，不是和別人所做到的相比，而是和一個人能夠做到的和應該做到的相比。」所以，彌爾說，「我的心情既不自卑也不驕傲。……我對自己的評價既不高也不低，或者可以說我根本對自己沒有作過評價。」

✓

一種極致的追求，必定有極致中產生的偏頗。要注意消解。彌爾就曾遭遇一個困境，甚至是險境。

彌爾期許自己做一個世界的改造者，「把這個目標看作個人幸福的所在。我把幸福放在長期和遙遠的事物上，在追求這種事物上總是時時有進步，而這種事物又絕不會完全得到，因而我的幸福也不會消失。」

但是，二十歲的時候，有一天他開始問自己一個問題：「假如生活中的所有目標完全實現，假如你所想望的全部制度和思想的改變就在這個時候完全實現，你會覺得非常快樂和幸福嗎？一種不可遏制的自我意識明確地回答：『不！』。至此，我的心下沉，我生活所寄託的整個基礎崩潰。」一度，音樂似乎可以幫他走出這個沒有解答的漩渦，但是極度理性的知識訓練背景，使他一想到音樂不過那幾個音符組成，曲調變化有窮盡，便又十分煩惱。後來，他是從華茲華斯的詩那裡，「得到喜悅的源泉，得到同情和想像中快樂的源泉，這種源泉是所有人都能共享的。和人生的爭鬥與缺陷無關。人類的物質條件和社會條件越是改善，這個源泉就越豐富。」這才解開了他的心結。因而，後來他發現，「分析的習慣對深謀遠慮和洞察力是有利的，但對熱情和德行來說卻永久是根部的蛀蟲；更重要的是，分析的習慣可怕地破壞由聯想引起的所有希望和所有喜悅。」最後他說，「各種能力保持一定平衡，現在在我看來是頭等重要的事情。」

（彌爾自己從來不談，但他是狄更斯的崇拜者，《塊肉餘生錄》的喜愛者，應該與他後來的心境轉換有關。）

✓ 永遠謙虛地學習。「我自信勝於大多數世人者，就在於願意和能夠向每一個人學習。」

✓ 要懂得從書籍以外的生活與工作中學習。彌爾十七歲進東印度公司印度通訊稽核官辦公室工作，做了三十五年。「作為一個純理論作家，我本應獨自思考不必與人商議，……作為一個主持政治通訊工作的秘書，我所發布的命令和發表的意見一定得使許多與我完全不同的人們滿意。」

在對其他思想家可能深以為苦的工作中，彌爾卻得到了彌足珍貴的心得，知道他要「在實踐中找到辦法，把政策以最容易被接受的方式，深入在習慣上對此沒有準備的人們的心；同時工作使我真正懂得使眾人感動的困難，懂得妥協的必要和犧牲次要以保全大局的藝術。我學會了在不能得到全部時，怎樣得到我能得到的最重要的東西；在我的主張不能全部貫徹時我能不氣憤，不沮喪；能貫徹最小一部份時，我會從中感到喜悅和鼓勵；在連這一點也做不到時，我能完全心平氣和地忍受自己的主張全盤被否決。」

✓ 一個知識之路上的旅者，又終究要最誠懇地直視自己，以及自己所知，所信仰的。彌爾「是一個民主主義者，但是他比任何人都更強烈批判民主的缺陷。他是一個個人主義者，但是沒有人像他那樣憎恨過度的放任主義。……歸根結底他是一個神祕主義者，但是沒有人比他更無情地揭露教會主義的危險與荒謬。」如果可以這樣，這樣的知識旅者可以期許自己，「他的許多推想在他去世五十年後仍具有預言的性質，他的預言可以看作既是警告又是鼓勵。」而因為他走過的知識之路，他會「一貫地相信，教育『不但是重要的而且是唯一的補救辦法，如果懂得教育的真正意義的話。』所謂真正的意義就是：使人理解『人類教育的主要部份是他們的日常工作』。」最後，他的人生將使得大家知道，「對他的尊敬成為人們自尊的一個要素」。（摘自哈羅德・拉斯基曾為此書寫的〈序言〉。）

◎

約翰・彌爾經常被人稱之為「天才」，他的自傳也經常有人說是天才之書。但是彌爾絕不會承認或同意這一點，因為他的自傳《我的知識之路》告訴我們的，其實只是一條比較特殊，然而只要有心就可以有所依循的學習之路。

旅程愉快。

譯者前言

約翰・斯圖爾特・彌爾（*John Stuart Mill*）是十九世紀英國著名的哲學家、邏輯學家、經濟學家，也是一位社會活動家和社會改良主義者。一八〇六年五月二十日出生於倫敦郊區。其父詹姆斯・彌爾（一七七三—一八三六年）也是英國著名的經濟學家，在經濟學說史上占據顯著地位。人們通常稱父親為「老彌爾」，兒子為「小彌爾」。小彌爾沒有進過學校，自幼在父親特殊方式教導下成才。童年時就學會希臘文和拉丁文，讀了希臘羅馬時代的不少古典歷史名著。八歲起攻讀幾何學和代數學，十二歲開始系統地學習經院派邏輯學，十三歲學完政治經濟學全部課程，十四歲旅法，研究化學和植物學，十五歲時研究心理學和羅馬法，十七歲進入東印度公司工作，歷時三十五年，經管公司與印度各邦聯絡事宜，一八五八年五十二歲時因東印度公司撤銷而退休。一八六五年被威斯敏斯特選區選入議會，在議員任期內，彌爾致力於種種社會改良活動。彌爾四十五歲與哈莉特·哈迪（原為泰勒夫人）結婚，七年後他的妻子在法國亞維農去世。在此後的歲月中，除任議員期間外，他基本上生活在亞維農附近的別墅裏，直至一八七三年五月八日病逝。

彌爾在一八二二到一八二三年組織過「功利主義學會」，在東印度公司任職期間經常為激進派刊物《威斯敏斯特評論》等雜誌撰稿，一八二五年與邊沁合編《司法證據的理論基礎》，參加了同年成立的「思辨學會」。一八三六年任激進派刊物《倫敦和威斯敏斯特評論報》主編。

彌爾的著作很多，主要有《邏輯學體系》（一八四三年）、《論政治經濟學中幾個未解決的問題》（一八四四年）、《政治經濟學原理》（一八四八年）、《論自由》（一八五九年）、《論述和討論》四卷（一八五九—一八七五年）、《代議政治論》（一八六一年）、《功利主義》（一八六三年）、《漢密爾頓哲學探討》（一八六五年）、《孔德與實證哲學》（一八六五年）、《在聖安德魯大學的就職演說》（一八六七年）、《英格蘭和愛爾蘭》（一八六八年）、《論婦女的從屬地位》（一八六九年）、《自傳》（一八七五年）等等。

彌爾的哲學思想源於英國傳統的經驗哲學，但在哲學基本問題上，與培根、洛克異趨，而是受貝克萊主觀唯心主義和休謨的不可知論的影響，屬於唯心主義感覺論。同時他又受邊沁的倫理學和孔德的實證主義的影響，成為英國實證主義的代表。

作為邏輯學家的彌爾，卻是沿襲了培根的歸納邏輯並有所發展，但他排斥演繹邏輯，認為歸納邏輯是認識事物的唯一方法。

彌爾生活在資產階級古典政治經濟學轉化為庸俗政治經濟學的時期，當時庸俗政治經濟學公開為資本主義辯護。彌爾的經濟思想的主要特徵是折衷和調和。他把生產和分配割裂開來，認為生產規律是永恒的，分配規律是暫時的、可變的，由此他得出了可以不改變生產關係，而通過立法手段改變分配關係，以消除資本主義種種弊端的改良主義結論。他摒棄了李嘉圖的勞動價值學說而代之以庸俗的生產費用論，其地租理論是繼承李嘉圖的，工資理論因襲了工資基金說，其利潤理論採納了西尼爾的「節欲」論和薩伊的觀點。但在工資和利潤的數量關係上，他堅持了李嘉圖的正確學說，揭示了二者之間的對立。後期他有明顯的改良主義傾向，他否認私有財產的神聖地位，對經濟放任主義產生懷疑，提出無限制的自由競爭不可能產生真正福利國家；他主張國家立法限制勞動時間，救濟貧民；以合作方式改組工業，研究工人管理工廠的可能性，提倡組織公社進行小規模的社會試驗。凡此種種表明，他看到了資本主義社會存在的弊病，試圖設法加以改良。但彌爾是典型的資產階級個人主義者，他十分強調個人自由，他對社會改良所持的觀點，正是從個性解放的立場出發的。馬克思曾經指出，約翰・彌爾和一味吹捧資本主義的辯護士還是有所區別的。

在政治上彌爾又是典型的資產階級自由主義者。在資產階級與封建制度的矛盾中他有明顯的反封建傾向。他讚揚法國革命。在美國內戰中，他反對英國政府袒護南方奴隸主，支持北方。當英國殖民當局血腥鎮壓牙買加民眾暴動以後，他擔任公眾自發組織的牙買加委員會的主席（一八六六年），領導該會向刑事法庭控告英國駐牙買加總督和高級官員。在愛爾蘭問題上他支持愛爾蘭農民反對封建土地所有制的鬥爭，同情那些反對英國殘酷統治的芬尼黨人。在彌爾一生的政治活動中，還有一點值得稱道，這就是為婦女爭取選舉權。他發動輿論，發動婦女界團結奮鬥，他的倡議終於在國會獲得通過。

彌爾的這本《自傳》，著重記錄了他早年獨特的學習方式、思想學說的形成過程、寫作和社會活動的經歷等。本書沒有引人入勝的情節和細膩描寫的生活，基本上是個人思想與周圍人事的實錄。但《自傳》敘述了十九世紀中葉英國的社會和政治歷史，對於研究彌爾生平、彌爾思想及當時英國社會狀況，頗有參考價值。

第一章 1806年——1819年

童年和早期教育

在寫自傳正文之前，似乎應該先說明一下，是什麼理由使我認為值得把我平庸的一生，寫下來傳給後世。我從未幻想，我所敘述的任何部分能如一篇記敘文，或者由於與我自己有關而能使公眾感到興趣。但是我想，如今教育或改良教育是比以前英國歷史上任何時期更受廣泛重視（如果不是更加深刻的話）的研究主題，在這裏記錄下一些不尋常且頗具特色的教育情況，也許不為無益。不說別的，這種教育已經證明人在幼年時期能接受的東西比一般設想的要多得多，在早年，倘若以尋常叫作教導的方法施教，可以說是相當浪費時間。我覺得，在觀念轉變的年代，記錄下總是在前進的各個階段的心靈發展，可能是有趣和有益，或者向自己的或他人的思想學習，或者拋棄自己的或他人的思想。我寫自傳還懷有比上述兩點更重要的動機，就是希望藉此向幫助我智力和道德成長的人們表示感激。在這些人中，有些是眾所周知的名人，有些人才出眾而聲望不孚，有一位對我幫助最大，卻默默無聞，不為世人所知。對這些事情不感興趣的讀者，倘若他還要閱讀下文，只能說咎由自取了；對於他，我沒有別的奢望，只希望他記住，這些文字不是為他而寫的。

一八〇六年五月二十日，我出生在倫敦，是《英屬印度史》（*History of British India*）作者詹姆斯·彌爾的長子。祖父是安格斯郡北水橋地方的小商人，我相信他還兼耕一小塊土地。父親在童年就因聰敏好學得到蘇格蘭財務署理事官費特凱恩的約翰·斯圖爾特爵士的器重，隨後被送入愛丁堡大學讀書，費用由約翰・斯圖爾特夫人珍和另外幾位夫人創辦的，為蘇格蘭教會培養青年的基金會供給。他念完大學普通課程，得到傳教士證書，但是從未擔任過教會職務，並以能不信這個教會或別的任何教會的教義而自慰。在以後的幾年裏，父親在蘇格蘭當過好幾個家庭的私人教師，其中有特威代爾侯爵家。不久，他終止執教生活，遷居倫敦，以寫稿度日，除稿費外沒有別的收入，直到一八一九年才在東印度公司得到一個職位。

父親在這段時期裏，有兩件教人吃驚的事情：一件極為普通，另一件則頗不尋常。第一件是：以他所處的地位，一無資財，除了在雜誌上寫些文章有些不穩定的稿酬外，別無其它收入，在這種情況下結了婚，還養了一大群家口；不論從理智或責任來說，沒有比這種舉動更違背他自己至少在後半生所堅持的主張的了。另一件事是：他具有過此種生活所需要的非凡精力，他從一開始就在不利條件下艱苦工作，由於結婚又給自己帶來沈重負擔。在許多歲月裏，單就他用寫作勉強維持一家生計，不負債，不陷入經濟窘境而言，就是一件不容易的事情，何況他所持的不論是關於政治還是宗教的見解，為所有有權勢的人士和普通富裕的英國人所厭惡，特別是在那個年代；同時他的為人，不但不受任何誘惑去寫違心之論，而且只要他認為環境許可，總要把自己的信念儘量寫在文章裏。我還應該指出，他做事絕不馬虎，不論寫文章還是做別的事情，莫不認真負責，悉心傾注，務必把事情做好。在如此沈重的負擔下，他還是計劃、準備和完成《印度史》的寫作。這部書花了他大約十年時間，幾乎比過去任何作者（甚至專門寫作的作家）寫出等量其它歷史書籍（包括閱讀和研究差不多分量的資料工作）所花的時間要短。更有甚者，他在整個寫作時期，幾乎每天要抽出相當時間教育他的孩子，對於其中一個孩子——我，他所花的勞力、心力和耐心之多，為其他教育兒女者所罕有，他依照自己的意見，力圖使我得到最高等的知識教育。

他自己身體力行，事事絕不浪費時間，因而在教導他的學生時也堅持同樣的原則。我記不清何時開始學習希臘文，別人告訴我，那時我只有三歲。現在還記得的最早印象是牢記父親念出來的詞音，也就是父親為我寫在紙片上的注有英文解釋的常用希臘單字表。至於語法，當時學會的僅僅是名詞和動詞的字形變化，幾年後才學得更深入。在讀過一陣子單詞以後，父親立刻叫我做翻譯。我依稀記得曾念完《伊索寓言》，它是我讀的第一本希臘文書籍；第二本叫《遠征記》（*Anabasis*），這本書我得到的印象比較清楚。在八歲前我沒有學拉丁文。在父親指點下，那時我讀了不少希臘作家的散文，記得其中有希羅多德的全部著作，色諾芬的《對話集》（*Cyropædia*）和蘇格拉底的《回憶錄》（*Memorials*）；此外還有季奧吉尼斯・萊爾蒂烏斯寫的幾篇哲學家傳記以及盧基安、伊索克拉底・澤莫尼庫姆和尼科克萊姆的部分著作。一八一三年我又讀了柏拉圖對話的前六篇（按一般編排），包括從《埃西夫龍》（*Euthyphron*）到《西奧泰圖斯》（*Theoctetus*）。我敢說最後一篇對話還是不讀為好，因為我壓根兒一點也不懂。但是父親不論教我什麼，都要求我竭盡全力去理解，有時還要我讀許多我不可能理解的東西。在我學習希臘文功課的整個過程中，他總是與我在同一間房子裏同一張桌子上寫他的作品。他為我的教育樂意承擔的責任，從這件事情中可見一斑。那時候，希英詞典尚未問世，當時我還未開始學習拉丁文，因而希拉詞典對我沒有用處，碰到不認識的字只能一一向父親討教。父親平時最無耐心，但還是忍受此種不斷的打擾，他就是在這種情況下，寫完數卷《印度史》和他當時必須要寫的所有其它文章。

在我童年的這一段時間裏，除希臘文外，唯一學習的是算術，這門功課也由父親教導。算術在夜間學習，它的乏味與麻煩至今記憶猶新。我每天接受教育，正式授課只占一部份，大部分學習還包括自己閱讀和父親對我的口頭教導，後者多半在散步時進行。從一八一〇年到一八一三年底，我們住在當時還是鄉村環境的紐溫敦格林。父親因健康關係需要保持一定量的運動，他習慣在早飯前散步，一般在通往霍恩西的草地小徑上躑躅。在漫步時我常常陪著他，因此在我最早記憶中，綠茵和野花總是混合著每天向他複述上一天讀過課文的情景。就我記憶所及，這種複述出於我的自願，不是規定的練習。我在讀書時用紙片寫下筆記，早晨散步時就把記下來的內容念給他聽。我讀的主要是歷史書，就在這種方式下我讀了大量歷史著作。如羅伯遜的歷史著作，休謨和吉本的作品。但是在我當時和以後一段長時期裏最喜歡的是沃森寫的《菲立普二世和三世》（*Philip the Second and Third*）的歷史。馬爾他騎士團抵抗土耳其人和尼德蘭起義各省英勇抗擊西班牙人的故事，引起我強烈而持久的興趣。除沃森著作外，使我心悅的歷史讀物是胡克的《羅馬史》（*History of Rome*）。關於希臘，那時我沒有見過正規的希臘史，只讀過作為學校課本的簡寫本和羅林翻譯的《古代史》（*Ancient History*）的最後兩三卷（起自馬其頓國王菲立普）。可是我讀過蘭霍恩所譯的普魯塔克的作品，它給我極大的喜悅。英國史方面，關於休謨擱筆以後年代的歷史，我記得讀了伯內特的《當代史》（*History of His Own Time*），雖然除了書中敘述的戰爭和戰役外，我對其它內容漠不關心。此外我讀了父親向邊沁先生借來的從開始到一七八八年止的《年鑑》（*Annual Register*）中的歷史部分。我對處於厄境中普魯士的弗雷德里克和科西嘉愛國志士保利的事跡，頗感興趣。但是我讀到美國戰爭時，由於年幼，一直袒護錯誤的一方，因為它叫作英國的一方，直到父親指出我的錯誤時方才改正。我和父親經常談論我讀過的書本，他一有機會總是向我解釋一些概念，如文明、政治、道德和精神修養等等，過後叫我用自己的話向他重述這些概念的含義。有許多書，我嫌它乏味，不主動去找來閱讀，父親就指導我讀，還要我向他口述書本的內容。這類書中有米勒的《從歷史觀點看英國政治》（*Historical View of the English Government*），這本書在當時受人推崇。得到父親的極口稱道；莫謝姆的《教會史》（*Ecclesiastical History*），麥克里的《約翰・諾克斯傳》（*Life of John Knox*），甚至還有修厄爾和魯蒂合著的《貴格會教徒史》（*Histories of the Quakers*）。他要我閱讀描述主角在艱苦環境中表現出精力和智慧並努力克服逆境的書籍。我記得這類作品中有比弗的《非洲大事記略》（*African Memoranda*）和柯林斯的《新南威爾斯第一批殖民記事》（*An Account of the First Settlement of New South Wales*）。有兩部我百讀不厭的書，一本是大部分青年愛讀的安森《航海記》（*Voyages*），另一本是我認為由霍克斯沃思編輯的環球航行集，此書分四卷，收集從德雷克到庫克和鮑根維爾的作品。我幾乎沒有兒童玩具，兒童讀物也一樣，除親友偶爾饋贈者外，也很少得到。在這種讀物中最著名的是《魯濱遜飄流記》，我在兒童時代一直喜愛這本書。父親雖然不讓我多讀消遣性書籍，但也不禁止我閱讀。父親那時幾乎沒有這類書籍，他特地為我借來幾冊，我還記得其中有《一千零一夜》（*Arabian Nights*）、卡佐特的《阿拉伯故事集》（*Arabian Tales*）、《唐吉訶德》、埃奇沃思女士的《通俗故事集》（*Popular Tales*）；還有一本布魯克的《上流社會的笨蛋》（*Fool of Quality*），這本書在當時稍有名聲。

我八歲那年開始學習拉丁文，一個妹妹跟我一起學習；我一面學習一面教她，她再把學到的課文念給父親聽。此後，另外幾個兄弟姊妹相繼參加聽我講課，我每天要花很多時間在這種預備教學上。我不喜歡做這種工作，加上我得對她們的功課同對自己功課一樣負責任，我就更不樂意。但是，我從這種訓練中得到極大的好處：凡是準備講解的功課使我懂得更加徹底，記得更加牢固。也許向別人分析疑難的做法，甚至對於像我這樣年齡的兒童也有神益。但就其它方面看來，我幼時的經驗並不證明孩子們互相教學是一種良好的教育方法。我可斷言，把這種方法作為教育方法效果肯定不好，我更深信，在這種教育方法中的師生關係，對雙方砥礪德行沒有好處。我就是以這種方式學完拉丁文文法，以及科尼利厄斯・尼波斯的大部分著作和凱撒的《史論》（*Commentaries*），但是隨後我除了監督我的學生的功課外，我自己還讀了一些更長的作品。

在初學拉丁文當年，我從讀《伊利亞德》（*Iliad*）中初次接觸希臘詩人。待稍有進步，父親讓我讀蒲伯的譯本，它是我用心細讀的第一本英文詩集，它成為我許多年裏最喜愛的一本書。我相信我一定把它讀了二三十遍之多。這本內容和韻律俱臻上乘的詩篇具有顯然適合兒童天性的情趣，可是根據我的推斷和個人經驗，這種快樂沒有被兒童們普遍享受，因而我認為值得提出來加以推薦。此後不久，我開始學習幾何，不久又學習代數，這些功課仍由父親教授。

八歲到十二歲時所讀的拉丁文書籍，我記得的有弗吉爾的《牧歌》（*Bucolics*）和

《安尼特》（*Aeneid*）的前六卷；除《抒情詩》（*Epodes*）以外的全部賀拉斯作品；費德勒斯的寓言；利維著作的前五本（出於我對此書的愛好，在十歲前我自願在課餘時間閱讀）；薩拉斯特的全部作品；奧維德的《變形》（*Metamorphoses*）的很大一部分；特倫斯的幾種劇本；盧克雷休斯的兩三種作品；西塞羅的幾篇演說詞和論演說的文稿，以及他寫給阿蒂庫斯的信，父親不厭其煩地為我把明高特注釋的書信歷史背景的說明從法文翻譯過來。在希臘文方面我讀完《伊利亞德》和《奧德賽》（*Odyssey*）；索福克爾斯，歐里皮德斯和阿里斯托凡斯的一二個劇本（雖然我讀這些劇本收穫甚微）；蘇基季德的全部作品；色諾芬的《希臘史》（*Hellenics*）；狄摩西尼、埃斯希尼斯和利西阿斯的大量作品；西奧克里圖斯和阿納克雷昂的作品；《希臘詩選》（*Anthology*）的一部分；季奧尼休斯的少許作品；幾本波利維烏斯的書；最後是亞里士多德的《修辭學》（*Rhetoric*）。這是我第一次讀到的論道德與心理的、表達明晰的科學論文，其中有古人對人性和生活的許多精辟見解，父親要我特別用心閱讀，並囑咐我把書中要點摘錄下來寫成提綱。在那幾年裏，我完全學會了初等幾何與代數，至於微分學和其他高等數學則學得不多。因為父親早年學到的數學知識多已忘掉，又沒有時間復習，所以無法解決我的疑難，只能讓我在除書籍外沒有其它幫助的情況下自己去摸索。那時我常常為了無力解答難題而引起他的不愉快，因為他不瞭解對於那些難題我缺乏必要的數學基礎知識。

至於我的自修讀物，只能就我記得的說一說。歷史依然是我最喜歡的科目，尤其是古代史。我不斷讀米特福德的《希臘史》（*Greece*），父親提醒我要注意這位作者的保守黨偏見，提防他為暴君塗脂抹粉、對民意機關抹黑而顛倒是非。他反覆向我講明這幾點，並引用希臘演說家和歷史學家的話作為例證，這些話確實起了作用，以致我在讀米特福德的書時，常把同情心寄予作者所同情的相反一面，並能在一定程度上提出反對他的論點。儘管如此，並不因此減少我在閱讀此書時所感受到的永遠常新的喜悅。不論是我早就崇敬的史學家胡克寫的還是弗格森所著的羅馬史，一直是我所喜讀的書。《古代世界史》（*Ancient Universal History*）這本書，儘管文體枯燥，我倒非常歡喜它；透過不斷讀它，模糊的古代人的歷史細節充滿了我的腦海。關於近代史，除讀過諸如荷蘭獨立戰爭這種孤立的一些篇章外，我懂得較少，也關心得較少。在整個童年裏，我熱中於一種自願的練習，就是我稱為撰寫歷史的作業。我陸續撰寫了從胡克著作中挑選出來的事跡為依據的《羅馬史》；一部《古代世界史》的簡寫本；一部從我所喜愛的沃森作品和無名氏編寫的著作中脫胎而成的《荷蘭史》；在十一歲到十二歲時，我忙著寫一部自詡為相當嚴肅的作品，這就是《羅馬政治史》，它是以利維和季奧尼休斯的作品為藍本，參考一些胡克作品的內容編寫而成。我竭力擴大篇幅，使之成為一卷八開本的書，一直寫到利西尼亞法典時代。事實上，這是一部敘述貴族與平民鬥爭的書，過去我只對羅馬人的戰爭與征服感到興趣，現在已被政治鬥爭所取代。我在書中論述所發生的全部政治結構上的大事。雖然我對尼布赫的研究成果毫無所知，但根據父親的指點，我以利維的論點作依據為土地法辯護，並盡最大努力支持羅馬民主黨。幾年後，我覺得這種充滿孩子氣的作品十分無聊，便把全部稿子毀掉了，當時沒有料到，後來我會始終珍惜這第一次寫作與論證的嘗試。父親鼓勵我進行這種有益的活動，雖然他從來不想看我所寫的東西，我認為他這樣做是對的，因為只有這樣，我在寫這些稿件時不覺得對任何人負有責任，更沒有在苛求眼光下寫作時那種戰戰兢兢的感覺。

雖然這種歷史寫作對我從來不是強迫的功課，但是另有一種寫作卻是強制性的，那就是寫詩。可以說寫詩是我所有工作中最不願意做的一種。我沒有寫過希臘文和拉丁文的詩，我也從未學會這兩種文字的作詩法。我父親認為不值得花時間去學做詩，他只要我向他高聲朗誦詩篇，由他糾正我錯誤的音調就行了。我根本不用希臘文寫詩，連散文也不曾寫過。用拉丁文寫過極少數幾篇。並非父親在教授這兩種文字的全面知識時漠視這種習作的價值，而是因為實在沒有時間顧到它。在做詩方面父親要求我寫作英文詩。我第一次讀蒲伯的《荷馬》（*Homer*）史詩時，就野心勃勃想嘗試寫作同樣的作品，寫成一本《伊利亞德》的續篇。我自發的詩興本來會到此為止，但是這種出於自願開始的練習，卻因父親命令不得不繼續下去。父親像往常對我作解釋的方式一樣，儘可能詳細地對我釋解為什麼要我做詩的道理，這次我記得很清楚，他提出兩個非常符合他的特點的理由：第一，詩比散文能更透徹更有力地表達你想說明的某些東西，他說這一點是真正的優點。第二，普通人對詩的評價遠遠高於它的實際價值，從這一點來說，學習寫詩的本領當然更加值得。一般說來，他讓我自己選題，就記憶所及，詩題大多數是向神話中的人物或寓言裏的抽象事物致辭。他還叫我把賀拉斯的許多短詩譯成英文。我還記得他要我讀湯姆森的《冬天》（*Winter*），然後要我不看書本試著以同樣題材寫出自己的詩句。當然我寫出來的詩亂七八糟不成模樣，而且我以後也一直沒有學會做詩的技巧，可是這樣練習對我很有幫助，使我以後能夠更容易地學會敏捷表達思想的本領①。直到此時我還沒有讀過幾首英文詩。父親給我讀莎士比亞的書，主要是讓我讀他的歷史劇，但是，我讀了歷史劇後，又涉獵其它。父親對莎士比亞從來不怎麼欽佩，還常常嚴肅地攻擊英國人對他的偶像崇拜。他不大關心英國詩歌，只推崇米爾頓（對米爾頓他極為讚賞）、戈德史密斯、伯恩斯的作品和格雷的《吟游詩人》（*Bard*），他認為格雷這篇詩要比他的《哀歌》（*Elegy*）寫得更精彩；此外，我也許還能加上考珀和貝蒂的作品。他對斯賓塞也相當重視，我記得他曾讀給我聽（不像通常那樣總要我讀給他聽）《仙后》（*The Fairie Queen*）第一冊，可是我對它不感興趣。在他眼裏本世紀的詩歌沒有什麼優點，因此在我成人之前沒有接觸過它們，只有沃爾特・司各特的韻文小說例外，這些小說是父親推薦給我的，因為我一直喜歡讀生動的故事，所以非常喜愛它們。父親藏書中有德賴登的詩集，他給我讀其中許多篇，但是我只喜歡《亞歷山大的宴會》（*Alexander's Feast*）這一篇，其餘的都不感興趣。這首詩連同司各特的許多詩，我那時常常以自己的調子，獨自低吟，的確，我甚至把司各特的幾首詩譜成歌曲，這些歌曲至今尚留在我的腦海中。考珀的短詩，讀起來也有幾分趣味，但是我從不讀他的長詩。在我看來，他的兩卷詩集中沒有一篇像他所寫的三隻野兔的記敘文那樣有趣。在十三歲那年，我讀到坎貝爾的詩，其中《洛琪爾》（*Lochiel*）、《霍亨林登》（*Hohenlinden*）、《埃林的放逐》（*The Exile of Erin*）和其它諸篇使我感到很激動，這是以前讀詩歌時從未經歷過的。對於他的長詩我同樣未讀，只有那篇《懷俄明的格特魯德》（*Gertrude of Wyoming*）的開端幾章令人感動，哀婉淒楚，達到完美無缺的境地，使我歷久難忘。

在童年的這段時間裏，實驗科學引起我最大的興趣。但是，我所謂實驗科學，指的是理論上的東西，不是真正的實驗。既不做試驗——我時常後悔未曾學習這門學科——甚至也不去看試驗，只是在書本裏讀到這門知識。在記憶中我讀任何書籍從來沒有像讀喬伊斯的《科學對話》（*Scientific Dialogues*）那麼全神貫注，這本書的前半部多處談到關於物理學的基本原理，父親批評它推理錯誤，而我卻頗不以為然。我貪婪地閱讀化學論文，尤其是父親早年朋友和同學湯姆森博士的化學著作；過了好幾年我才有機會聽到化學演講，見到化學實驗。

大約從十二歲起，我的教育過程進入另一個更高的階段，在這個階段主要對象不再是運用思想的補助手段和工具，而是思想本身。從學習邏輯學著手，開始立即讀亞里士多德的《工具論》（*The Organon*），讀到《分析篇》為止，可是《後分析篇》屬於推理的支目，我的程度太淺，讀後沒有什麼收穫。在讀《工具論》同時，父親要我讀幾篇關於經院邏輯的拉丁文論文，有的全讀，有的讀一部分，每天在散步時要我把所讀的內容詳細講給他聽，並回答他提出的無數盤根錯結的問題。此後，我以同樣方式讀完霍布斯的《計算法和邏輯學》（*Computatio sive Logica*），此書比經院邏輯學家的作品思想更加高深，父親推崇備至，而在我看來，此書雖然價值很大，但父親未免誇張過分了。父親有一種一成不變的習慣，他不論教我什麼功課，一定要我徹底懂得，並理解其效用。他認為在學習三段論法邏輯學時尤其應該如此，因為三段論法邏輯的有用性遭到許多權威作家的責難。我清楚地記得，有一次我們在鄰近的巴格肖特區（我們到那裏去拜訪他的老朋友，當時在桑赫斯特任教的數學教授華萊士先生）散步時，父親怎樣首先提出各種問題，讓我思考主題，並要我說出形成三段論法邏輯功用的一些概念；當我窘然不知如何回答時，他便詳細地解答，幫助我理解。雖然當時他的解答我不能完全領會，但是並不因此否定它的作用；父親的解答一直是我以後觀察和思考得以具體化的核心；他為我解釋的話，在我後來碰到的一些具體事例中，才明白它的含義。我自己的意識和經驗最後使我像父親一般，完全認識到及早通曉經院邏輯的巨大價值。我一點也不知道，在我所受教育中獲得的思考能力主要歸功於哪一種教育。我最早能自如地運用智力，是表現在對錯誤論點的分析上，找出謬誤的所在。雖然我獲得的這種能力來自父親堅持不懈地對我進行的智力訓練，但是，經院派邏輯和研究這派邏輯中養成的思維習慣，是這種訓練的一個重要工具，這也是確實的。我相信，在現代教育中，沒有任何學科比適當運用經院邏輯學更能造就真正的思想家，他們善於把握詞和命題的精確含義、不會被空洞含糊或模棱兩可的詞句所蒙蔽。被過分誇張的數學研究的作用根本不能與它相比，因為在數學演算裏不會出現像正確的三段論法推論的那種真正困難。經院派邏輯還特別適合作為初學哲學學生的研究課程，因為它不要求初學者必須經歷由經驗和思考獲得自己的有價值思想的緩慢過程。在他們的思維能力尚未大大提高之前，就有能力解決混亂和自相矛盾的錯綜複雜的事物；許多別方面能力很強的人由於沒有受過這種訓練，就全然沒有這種能力；這種人在必須反駁對方時，運用其所掌握的論點，只能力圖做到支持與對方相反的結論，很少試圖去駁倒對手的論據，因此在需要論證決勝負的問題上，最多只能是平分秋色，使問題懸而不決。

這個時期，父親要我繼續攻讀的拉丁文和希臘文書籍，主要是那些不只在語言上、還要在思想上都值得閱讀的書籍，其中包括許多演說家的文稿，尤其是狄摩西尼的演說辭。他的幾篇主要演說辭我讀了好幾遍，還寫出對它們全面分析的文章，作為練習。當我把這些演說辭念給父親聽時，他對它們的評論對我極有啟發。他不僅使我注意到，作者們對雅典制度的洞察力和他們常常描述的立法和治理原則，而且還指出演說者的技巧和藝術——如何在最恰當的時候，即引導聽眾的情緒到最佳狀態時說出他認為重要的每一件事情；如何把直接說出口會遭到反對的思想，逐漸地暗示地偷偷注入聽眾的心裏。父親的大部分評論超過我當時的理解力，但是在我心底裏播下的種子，到一定時候便會發芽生長。在這段時間裏，我還讀了塔西陀、賈維納爾和昆蒂良的全部作品，由於後者的文體晦澀，文章中許多部分論證繁瑣，所以讀的人很少，也不為人充分理解。他的書是古人關於整個教育和文化領域思想的百科全書，雖然我讀他的書時年紀還小，但是我終身保持的許多有價值思想顯然是從他的書中得到的。就在這個時期，我初次讀到幾篇柏拉圖最重要的對話，特別是《戈吉烏斯》（*Gorgias*）、《普羅塔戈拉》（*Protagoras*）和《理想國》（*Republic*）。父親認為只有柏拉圖是賦予他精神文化的作家，他向年輕學生最常推薦的也是柏拉圖的作品。我自己也能提出同樣的證明。蘇格拉底式的表達方法——柏拉圖的對話是這種方式的典型——作為一種訓練手段，用以糾正錯誤，澄清悟性（通過通俗用語形成各種聯想束）混亂，是無與倫比的。它那種嚴謹縝密的對話方法，使概念糊塗的人不得不使用明確言詞整理自己的思想，或者被迫承認自己言不由衷；它用特殊的例證不斷檢驗所有的一般陳述；它對含義廣泛的抽象名詞的意義，擇定某些意義更廣泛的並包括前者在內的同類名詞加以逐層分析，直到達到要求的目的——在它和由它不斷派生出去的每個性質相似的詞之間劃定一連串精確的區別，以標出它的界限和定義。所有這一切，作為培養精密思想的教育手段來說，其價值是無法估計的，甚至在我當時的年紀，所有這一切已經牢牢占據我的心靈，成為我自己思想的一部分。此後，我覺得，那些受過柏拉圖研究方法熏陶並努力實踐其研究方法的人，比那些僅僅從他的最次要作品中吸取某種教條式結論而出名的人，更值得被冠上柏拉圖派學者的頭銜；在那些次要作品中，柏拉圖所表達的思想和文字的特性，使人們難以肯定，他本人是不是把它們僅僅當作詩人的幻想或哲學的臆測。

就文字而言，我現在完全能輕鬆地通讀柏拉圖和狄摩西尼的著作，父親不再要我逐句解釋，只要我高聲朗讀給他聽，並回答他提出的問題。可是他對朗讀法特別挑剔（他本人朗讀得非常出色），這使我朗讀成為十分頭痛的工作。在他要求我做的全部功課中，可以說沒有一項我經常做得這樣差勁的，也可以說沒有一件事像這樣不斷地惹他生氣。他對朗讀藝術的原則極為重視，尤其注意最容易忽視的地方，如聲調的抑揚變化，即朗讀法作家所說的「變調」（它一方面與發音有關，另一方面與表情有關）。父親還根據句子的邏輯分析，把朗讀歸納出幾條規律。他逼著我牢記這些規律，每逢違反，就要遭到嚴厲譴責。即使在那時我已注意到（但不敢對他說），雖然每當我讀錯時他就責備我，告訴我本來應該怎樣讀，可是他自己從來不親自示範，讓我知道應該怎樣讀才對。在他的值得稱頌的教育方式中，貫串一個缺點，也是滲透他全部思想方法的缺點，就是過分相信沒有具體體現的抽象事物的可理解性。直到我少年時代的末期，當我獨自或與年齡相仿的夥伴一起練習演說術時，才第一次懂得他的朗讀規律的目的，並領會這些規律的心理學根據。那時，我和同夥一起徹底探究這個問題的細節，本來能夠以父親的原則為基礎，寫出一篇極有用的論文；父親自己沒有把那些原則和規律寫成文字。我很後悔，在我透過系統練習以全部心力研究這個題材時，也未曾把它們以及我們的改進意見，寫成一篇正式的論文。

對我的教育（最貼切的意義上說）有極大幫助的一本書是父親的《印度史》。此書在一八一八年初出版。出版的前一年，書正在排印，我時常把校樣念給他聽，更常是，他在校對校樣時我把手稿讀給他聽。我從這本傑出作品中得到許多新的觀念，書中對印度的社會與文明和對英國制度與治理所作的批判和探討，在我思想中起了推動、刺激和指導的作用，使我很早就熟悉這些道理，對我的日後進步大有稗益。雖然現在我能夠以完美的標準去衡量，看出此書的不足之處，但是我依舊認為它在以往所有的歷史書中，即使不是唯一的，也是一本最有指導作用的書，是一本對一個思想正在成型中的讀者最為有益的書。

此書的序言是父親作品中最具特色、思想內容最為豐富的一篇文章，他對他寫此書時的感情和期望，作了令人信服的描述。此書充滿著當時被認為是極端派的民主激進主義的思想與批評態度，它以當時罕見的嚴厲姿態對待英國憲法、英國法律和在國內擁有相當勢力的黨派與階級。對於此書的問世，他可能希望贏得聲譽，但肯定未曾想過藉此做為個人的進身之階；他想不到此書為他招來的只是有權勢者的敵視；他更不指望得到東印度公司的好感，因為他非常仇視公司的商業特權，對公司的行政條例曾提出許多嚴格的批評。雖然此書的有些部分，提出有利於公司的證據，他認為這些是它理應得到的，例如，總的看來還沒有任何政府像它那樣提出這樣多的證據，說明它能就力之所及，對其子民表示善意：任何別的政府的措施，若公之於眾，完全聽任議論，那麼很可能它們會更經不起檢查。

一八一九年春季，大約在《印度史》出版一年之後，父親得知東印度公司董事會要加強負責與印度通訊的國內部門的人事，便表示願意應選，他成功地得到董事會的信任。他被任命為印度通訊部稽核官助理，其職責是草擬發往印度的公文，將它們送呈公司主要行政部門的董事審定。在這個職位上和在後來他被提升為稽核官的職位上，他的能力、聲譽和堅毅的性格影響頗大，加上他的上司真正希望有一個良好的印度政府，因此他能夠把自己對印度問題的真正意見貫徹在所草擬的公文裏，通過董事會和監事會的嚴格檢驗而不致大大削弱公文的作用。在《印度史》裏，他第一次提出許多治理印度的真正原則，繼《印度史》之後，他草擬的公文比前人更多地推動了印度的改革，並教導印度官員懂得本身的職務。我深信，倘若把他寫的公文選印出版，此書將使他稱得上一位實際的政治家，完全可與他作為理論家的卓越地位相媲美。

他擔任了這個新職務，並沒有因此放鬆對我的教育。就在同一年（一八一九），他讓我學完政治經濟學的全部課程。他的摯友李嘉圖不久前出版了一本為政治經濟學開闢了偉大新紀元的著作②。如果不是我父親懇切的請求與熱情鼓勵，恐怕這本書永遠不會出版，或者永遠不會寫成。李嘉圖是個極其謙遜的人，他雖然深信他的理論正確，卻認為自己能力欠缺，無力把它們正確地表達出來，所以不敢想到公開發表。一、兩年後，他又在父親的友好鼓勵下，進入下院為議員。就在議員任上，在他一生的最後幾年裏，他對他自己和我父親在政治經濟學和其他學科的見解上貢獻良多。不幸正當他才智正旺的時候，卻棄世長辭。

雖然李嘉圖的傑作已經出版，但適合向初學者具體介紹其理論的指導性文章尚未問世。所以父親開始教我這門科學時，採取這樣一種講授的辦法，在散步中進行教授，他每天詳盡地講解一部分，第二天我交給他筆錄的講稿，他讓我一遍一遍重新改寫，一直到文稿清楚、明確和相當完整才算了事。這門學科的全部內容我就是在這種方式下學完的，而我每天筆錄的書面概要，後來成為他寫《政治經濟學要義》（*Elements of Political Economy*）的材料。此後我讀李嘉圖的書，每天都把所讀的內容寫成筆記，並以能做到的最好方式，討論我們在教學過程中出現的附帶問題。

貨幣問題是這個學科最複雜的部分。父親要我用同樣方式讀李嘉圖在所謂「條金爭論」時寫成的精彩小冊子，緊接著讀亞當・斯密的著作；這種讀法是根據父親的意見，其主要目的就是要我把李嘉圖高明的見解與亞當・斯密膚淺的政治經濟學觀點相對照，從而看出斯密論點中的謬誤之處，或者他的結論中站不住腳的地方。這樣的教育方法適合於造就一個思想家，但是這種方法必須有像我父親那樣思想縝密、精神旺盛的思想家才能施行。這條道路，對他來說，是佈滿荊棘的，對我而言更是艱辛，就算我對這門學科有強烈興趣。他經常由於我學不好而發怒，常常毫無理由，因為有些地方本來不能期望我一下子便能接受的。但是，總的說來他的方法是對的，而且獲得了成功。我相信，沒有哪一種科學的教育法能比父親對我教授邏輯學和政治經濟學的方法更加徹底，或在培養才能上更為適合。他力圖（甚至有點過分）喚起我的智力活動，所以一切問題都要我自己去解決，事先不向我解釋，總要在我碰到困難無法解決以後，才對我講解。他不但把這兩門重要學科的精確知識傳授給我，達到當時一般的程度，而且要我成為對二者進行獨立思考的思想家。幾乎從一開始我就獨立思考問題，有時我想的與他有分歧，雖然長期以來這種分歧僅僅發生在細小的問題上，但最終還是以他的意見為準繩。後來，我偶而能夠說服他，在某些細節問題上改變他的看法。我這麼說不是為了誇耀自己，而是為了表示對他的尊敬。因為他接受我的見解，既表明他心地坦率，又表明他的教育法的真正價值。

這時，我的正式功課結束了。當我大約十四歲時，有一年多時間離開英格蘭；回來後，雖然還是在父親指導下讀書，但是他不再是我的導師了。關於教育的描述到此為止，我該回過頭來談談有關上面回憶中提及的我的生活和教育中更一般性的事情。

前面稍微談到我教育過程中最明顯的一個特點，就是在我幼年時代，父親極力授予我那些被認為屬於高等教育的知識，這種知識在成人前是很少得到的（如果能得到的話）。實驗的結果證明，實施這種教育並不困難，同時充分說明，讓小學生接受一點點拉丁文和希臘文知識，用多年寶貴的光陰，這是多麼值得惋惜的浪費啊！由於這種浪費，許多教育改革家便產生錯誤的見解，要在普通教育中完全取消拉丁文和希臘文的課程。倘若我生來理解力特別敏銳，或者記憶非常強而精確，或者性格特別主動，精力特別旺盛，那麼對我的實驗可能不是結論性的；可是我所有的天賦並不在一般人之上而在其下，凡是我能做到的，無論哪個具有中等智力和健康體格的男孩和女孩肯定也能做到。如果說我學業上有所成就，應歸功於父親賜予我的早期教育，當然還有其他有利條件，公正地說，由於父親的教導，我開始的時間要比同代人早二十五年。

在我所受的教育中有一個基本要點，關於它，我在上面已約略提及，這一點比其它條件更是這種教育有良好成效的原因。大部分經過訓練而學識豐富的兒童或少年，他的精神力不但沒有因為有學識而加強，反而受它的連累。他們的腦子裏充塞著單純的事實和他人的意見言辭，把這些東西接受下來，代替自己思想的力量。這樣，由那些傑出的父親不遺餘力地教育出來的兒子，長大後常常只成為學舌的鸚鵡，搬弄學過的東西，除了走別人走過的舊路，不會運用自己的頭腦。但是我接受的不是填充式的教育，父親絕不允許我的學習僅僅是記憶的練習。他一定要我透徹理解每一階段所受的教導，而且盡可能在施教前要我先去領悟其內容。凡是能運用自己思考得出的東西父親從不教我，只有盡我努力還不能解決的問題才給予指點。就我記憶所及，我在這方面的表現很差，能回想起來的事幾乎全是失敗，極少成功。事實上，失敗常發生在那些以我的初學程度幾乎不可能成功的地方。我記得十三歲時，有一次偶然使用「觀念」這個詞，父親問我什麼叫觀念，並對我所說的不確切的定義表示不快。我還記得有一次我說了一句普普通通的話，我說有些東西在理論上是對的，但還要在實踐中修正，這句話引起他的憤怒。有一次他叫我解釋「理論」這個詞的意義，我又說不清楚，於是他為我仔細解釋，指出我使用庸俗言語的錯誤，使我完全懂得：在不懂得「理論」一詞定義的時候，把它說成是與實際不一致的東西，表明我極端的無知。他這樣批評我，似乎不講道理，但是我想，他只是發覺我顯得笨拙的時候才不耐煩。如果不要求學生做不會做的事情，他就永遠不會去做能做的事情。

父親特別刻意防範早年學業有成就者最易犯的一種毛病，就是自滿，它往往毀滅青年的前程。他高度警惕不使我聽到讚美的話，不讓我和別人作自我誇耀的比較。在他自己和我接觸中，我只能聽到對我不滿意的意見，他給我定的比較標準，不是和別人所做到的相比，而是和一個人能夠做到和應該做到的相比。他不讓我接受那種使他十分擔心的影響，在這方面他是完全成功的。我根本不知道，我所得到的知識以我的年齡而論是頗不尋常的。有時我偶然注意到有些孩子懂得比我少——這種情況比想像的要少——我認為並不是我知道得多，而是別人由於某些原因知道得少，或者認為他的知識和我的知識不一樣。我的心情既不自卑也不驕傲，從來沒有想到自己怎麼樣或者能夠怎麼樣。我對自己的評價既不高也不低，或者可以說我根本對自己沒有做過評價。如果要問我對自己怎麼看，我認為自己在學業上是十分不夠的，因為和父親對我的期望相比較，我一直認為自己是不夠的。我自信可以這樣說，雖然在我童年時期見到我的各類人士並不這麼想。如我後來所發現，他們認為我自滿過分令人討厭，大概是因為我好辯論，聽到不同的意見，便毫無顧慮地直接進行反駁。我想原因是由於受到過分的鼓勵，談論不是我這種年齡應該談的事情，還和大人們一起討論，同時又未曾受過要對他們尊敬的教誨，所以養成這種壞習慣。父親未曾糾正我的無理與傲慢，大概他沒有發覺，因為我對他十分敬畏，以致在他的面前總是保持極端順從和沈默。儘管有這種情況，我確實沒有任何優越感，沒有這種念頭對我有好處。我記得十四歲那年，我即將長期離家的前夕，就在海德公園裡，父親告訴我，等我結交新朋友時，將會發覺我所接受的教育不是與我同齡的年輕人普遍懂得的，許多人很可能會向我提到這一點，還會因此讚揚我。在這個問題上他還說些什麼我已記不清楚，只記得他最後說，我比別人懂得多一點，不是我有了不起的地方，只是我的命運賦予我不尋常的優越條件：有一位能教育我的父親，願意承受必要的麻煩和耗費必要的時間。如果說我比不具備同樣優越條件的那些人懂得多些，我是不該受稱讚的，但假如我知道的不比那些人多，那就是最大的羞恥了。我記得很清楚，這種意見我還是第一次聽到，說我知道的比受過良好的教育的年輕人要多，這對我來說是一件新聞，對此，像對父親告訴我別的事情一樣，我深信不疑，但是我並沒有把它當作個人大事記在心裏。別人沒有我懂得多，我並未以此為榮，也從不把自己的任何知識當作個人優點而沾沾自喜。然而，如今當我想到這個問題時，覺得父親說過關於我具有特殊優越條件的話是千真萬確的，也是常識，從此以後它就奠定了我的看法與感情。

這一點連同父親教育計劃的其它許多目標，如果不是他告誡我少和別的孩子打交道的話，顯然是難以達到的。他認真地要我不受孩子們之間流傳的壞影響，而且要我避免沾染庸俗的思想感情，為此他寧願我在各國學童所接受的學校教育成就方面不如別人。我所受教育的不足之處，主要是缺乏學童在自我管理和在集體活動中所學得的東西。由於生活有節制和時常散步，我的體格長得雖然不算強壯有力，然而也頗健康耐勞，但是我不會武藝，也不懂普通的體操。並非我不願做操，也不是擠不出時間。雖然我沒有假期，為的是不致打亂學習規律和養成懶散的習慣，但是我每天有大量閒暇足以娛樂。只是我沒有同伴，散步能滿足我的體力活動的生理需要，所以我的娛樂在極大多數情況下是單獨的，通常是一種平靜的（如果不是書卷氣的話）活動，它對任何其它種類的甚至心靈活動的刺激，不比我在讀書中引起的刺激更為強烈。因而我長期對需要用手做的任何工作都顯得笨拙，幾乎一直如此，雖然後來稍有進步。我的頭腦和手一樣，在做實際瑣事方面也同樣不靈活，而這種瑣事對大多數人說來是生活中主要關心的事情，也是他們主要顯示精神能力的地方。對於日常生活，我不加注意、不加觀察和不用心的態度，應該受到譴責。父親對這些事情的態度與我截然相反，他的感覺和智力總是時時在戒備著，他的言行舉止和日常生活總是表現出他的果斷性格和旺盛精力，此種性格以及他的才能常常使接觸他的人印象深刻。可是精力旺盛的父母的孩子，長大時往往精力不濟，因為子女依賴父母，而父母處處努力地照料他們。父親對我的教育更適合於把我訓練成能知，而不適合把我訓練成能行。他不是不知道我的這種缺點，因為這個緣故，我在幼年和少年時期一直受他的嚴厲告誡而感到苦惱。對於我的這個缺點，他絕不聽之任之，或者給予寬容。但是，他為了使我不受學校生活對道德的不良影響，卻未曾設法提供我足夠代替學校教育的實際影響。他似乎認為，凡他本人不經辛勤努力或特殊訓練而獲得的任何本領，我必定同樣容易得到。我想，對於這個問題，他並沒有像對其他學科那樣予以同等的重視；就在這點上，他似乎期望能不勞而獲。

注釋

①到童年後期，做這種習作不再有強迫性質。像大多數年輕作家一樣，我也寫悲劇。我受莎士比亞的啟發不大，給我影響較多的是喬安娜·貝利。特別是後者的《康斯坦丁·帕利洛古》（*Constantine Paleologus*）一書，至今我依然覺得它是近兩個世紀中最出色的戲劇之一。

②即《政治經濟學及賦稅原理》。——譯者。

第二章 1813年——1821年

少年時期的道德影響
父親的性格和見解

對我的教育，像對任何人的教育一樣，道德影響的重要性超過一切，它是極為複雜和極難完整詳述的。要詳盡地敘述形成我幼年時性格的環境，是不可能的事情，我也不打算嘗試，我要談的只限於幾個要點，這些要點構成我所受教育的真實記錄中的不可缺少的一部分。

我自幼在沒有宗教信仰的環境中長大。父親受過蘇格蘭長老會教義的教育，經過他自己一番研究與思索，很早就不信「啟示」，而且還拋棄一般稱為自然教的基礎。我曾聽到他說，關於這個問題，他的精神轉捩點在於閱讀巴特勒的《類推論》（*Analogy*）。父親常常懷著崇敬的心情談起此書，此書使他，一個很長時間相信基督教神聖權威的信徒不再信教，此書向他證明，要人相信舊約和新約出自智慧和慈善之神，或者記載他的事跡有很大困難，要人相信具有此種品格的神能夠是宇宙的創造者，這有同樣的甚至更大的困難。父親認為，巴特勒的論點對於他所反對的對手來說是關鍵性的。一個人，只要他承認這個世界有一位萬能的、至公至仁的造物主和世界的統治者，自然不會反對基督教，否則他至少會用同樣的力量來否定他自己。因此父親在自然神教中找不到立足點，於是他處於困惑的境地；無疑通過多次思想爭扎，他終於相信，萬物的起源是不可知的，這是他思想中唯一正確的結論；他把武斷的無神論看成是荒誕的，正好像大多數被世人認為是無神論者的人也把神看成是荒誕的。這些細節是重要的，它們表明父親之所以反對所有稱為宗教信仰的東西，並非許多人猜想那樣，主要是邏輯和證據問題，實際原因在於倫理觀念（比理智的成分還多）。他覺得，一位有無限力量的至善至公的造物主會造出這樣一個充滿邪惡的世界，是不能令人置信的。他的才智撥開了人們企圖以此蒙蔽自己而不正視這個明顯矛盾的迷霧。關於古也門人，即摩尼教徒，所宣揚的善惡二原則彼此為統治宇宙而爭鬥的理論，父親不是一概斥為無稽之談，我還曾聽說，他為了現代無人復興這個理論而表示驚奇。他寧願把它看作純粹的假設，並認為它沒有腐蝕心靈的影響。這樣看來，父親對宗教（就一般意義而言）的嫌惡與盧克雷休斯的嫌惡性質相同。他認為宗教不僅是精神錯覺產生的感覺，而且是極度的道德墮落。他把它視為人類德行的最大仇敵，首先因為它樹立虛假的美德——篤信教義、虔誠的感情以及宗教儀式，對人類的幸福其實毫不相干——要人類把這些代替真正的德行；但最主要的是宗教從根本上破壞道德標準；把執行神的意志說成是道德標準，向神濫用大量諂媚之詞，實際上又把神描繪成非常可恨的東西。我曾多次聽父親說，不論哪個時代哪個民族都把他們的神描繪成是邪惡的，而且不斷升級，一點一點增加，一直達到人類頭腦所能設想的極端邪惡的頂點，同時稱之為神，向它頂禮膜拜。父親認為此種極頂的邪惡就表現在呈現給大眾的基督教義裏。他常說：試想一個會製造地獄的神，他也會以完全先知的本領創造人類，因此他是有意使人類中的大部分人忍受可怕的和永恒的折磨。我相信，這樣的時候將來臨，那時此種崇拜對象的可怕概念就會與基督教分開，那時所有能分辨善惡觀念的人對此種可怕概念將懷有與我父親同樣的憤怒。父親與別人一樣明白，基督教徒一般不會受到這種教義固有的敗壞道德的影響——從教義的方式或程度來看，是有可能產生這種影響的。正是思想上的懶散，理性屈從於恐懼、希望和愛戀，使他們接受含有矛盾的理論，看不到這種理論的邏輯後果。就是此種馴順的弱點，使人類在同一時候相信互相矛盾的事物。非常少的人，他們從真理中得出結論，而不是從自己的感覺中衍中論斷。多數人則堅信萬能的地獄創造者，但他們並不把這個創造者與他們腦中的至善概念合而為一。他們崇拜的不是惡魔——他們想像的神實際上就是惡魔——而是他們自己對美德的理想。不幸的是，這樣一種信仰把這個理想壓在非常低的地位，所有想提高其地位的思想受到這個信仰最頑強的抵抗。教徒們不敢接受能使心靈純正、提高美德標準的思想訓練，因為他們感覺到（即使當時他們還沒有清楚地理解）提高了的標準將與天命相衝突，與許多他們已習慣地認為是基督教義所規定的東西相衝突。於是道德依舊是盲目的傳統，沒有一貫的原則，甚至也沒有一貫的感情為之指導。

如果讓我得到與父親的宗教信念與感情相反的信念，這將完全不符合我父親的責任觀，所以他一開始就要我牢牢記住，關於世界產生的方式是一個無法知道的題目。關於「是誰創造我？」這個問題是無法回答的，因為我們不具備回答問題的經驗和可靠的知識；對這個問題作出的任何回答只會使困難更進一層，因為它將引出「誰創造上帝？」這一問題。父親同時要我瞭解，人類過去在這些難以解決的問題上是怎麼想的。我曾在上文提到，在我很小的時候他就叫我閱讀基督教會史，教導我要切實關心宗教改革，因為它是反對教會暴政、解放人類思想的偉大而決定性的抗爭。

因此我在這個國家裏是個極少的例子，我不是拋棄宗教信仰，而是從來沒有宗教信仰。我在對宗教持消極的氣氛裏長大，在我眼裏現代宗教和古代宗教一樣與我毫不相干。英國人相信我所不信的宗教，這並不比我讀到希羅多德書中的人相信宗教更使我感到驚奇，歷史使我熟知人類具有各種各樣見解的事實，上述情況不過是這個事實的延續罷了。但是這個問題在我早期教育中有時產生值得注意的不良後果。父親在教導我與世人持相反的見解時，認為有必要謹慎地不讓人知道。雖然我與陌生人，尤其是可能與我談論宗教問題的人很少接觸，使我不致於在這個問題上面臨必須公開承認或虛偽回應的兩難選擇，但是這種使我在幼年就隱藏自己思想的教導，帶來一些道德上的缺陷。我記得童年時曾有兩次要我作出這種選擇，兩次我都公開宣稱我不信宗教，並為此辯護。我的對手都是孩子，但比我大得多，當時我肯定使他們中一個人思想動搖，但是我與他以後再也沒有提到這個話題；另外有一個人聽了我的話感到震驚，曾竭力規勸我一陣子，沒有收到效果。

議論自由的巨大進步大大改變了這個問題的道德標準，這也是現在和我童年時代最重大的差別之一。我想，今天具有像我父親那樣才智和公德心、那樣堅強的道德信念的人，如果持有宗教上的異見，或在其他重大思想主題上持有獨特看法，他將不會隱藏或囑咐別人隱藏這些觀點，除非發生這種情況，即坦率地公開這些看法有失去生活來源的危險，或者會被排擠出其所專長的領域，但這種可能性已越來越小了。尤其在宗教方面，在我看來這樣的時間已經來到，所有具有這方面豐富學識、對現代思潮有過深思熟慮、並得出結論認為它不但謬誤而且有害的人，有義務公開發表不同的意見。至少那些地位和名望高，其意見易受到注意的人，更應如此。這樣的公開聲明能永遠地消除那種庸俗偏見——把「無信仰」者（這個稱呼極不恰當）看作思想不端和心靈墮落。倘若世人知道，在才智與美德上博得普遍尊敬的、最光輝燦爛的人物中，有這麼大的一部分人對宗教完全持懷疑態度的話，肯定會大吃一驚。他們中間有許多人之所以不肯公開說出自己的意見，為個人考慮的並不多，主要是出於良心，他們唯恐說出自己的意見以後，會削弱現有的信仰，從而（如他們設想的）削弱現有的精神的約束力，造成有害無益的結果，雖然在我看來，這種顧慮是錯誤的。

所謂無信仰者和有信仰者一樣有許多類別，幾乎包括每一種不同的道德類型。但是他們中間最優秀的分子比那些冒牌的宗教徒對宗教更為虔誠，這一點凡是有機會真正瞭解他們的人，會毫不猶豫地加以肯定。時代的寬廣胸懷，換句話說，那種頑固偏見的削弱（此種偏見使人們看不見與他們期望相反的東西），促使人們普遍承認自然神論者可能是有真正信仰的人。但是倘若宗教代表仁慈的品性，不代表純粹教條的話，那麼許多其信仰不及自然神論者的人，也同樣可以稱之為有真正信仰的人。雖然他們可能對宇宙是「經過設計的產物」這一點認為證據不足，雖然他們肯定不相信宇宙有一個具有絕對權力和盡善盡美的創造者和統治者，但是他們具有構成一切宗教的主要價值的那種東西，具有一個完善之神的理想概念，對於這個完善之神，他們習慣將其看作是自己良心的嚮導。關於「善」的這種理想往往比眾人所膜拜的客觀的神更接近於完善，因為那些人認為，一個創造了如此苦難與折磨的世界的神，具有絕對的善。

父親那種完全與宗教無關的道德信念，從他獨具的毅力和決心表現出來，大有希臘哲學家道德觀念的特色。早在我跟他讀色諾芬《大事記》（*Memorabilia*）時，這本書和父親對它的評論使我對蘇格拉底的性格深為敬仰；蘇格拉底在我的心裏猶如理想美德的楷模。我還清楚記得當時父親諄諄教導我《海格立斯的選擇》（*Choice of Hercules*）這一課的情景。稍後，柏拉圖著作中顯示的高尚道德標準又對我產生強大影響。父親一直以「蘇格拉底美德」作為教誨我的道德典範，這就是正義、克制（這一點他作廣泛的運用）、誠實、堅忍、有吃苦耐勞的決心、關心公益、根據人的優點評論人、根據物所固有的效益評價物，關於生活則要求努力奮鬥，反對貪圖安逸與懶散。他把這些和別的道德規範用簡要言辭說出，根據情況，有時是懇切的規勸，有時是嚴厲的譴責和鄙視。父親的直接道德教育使我獲益非淺，但是間接的指導收效更大。他對我性格上產生的影響不單是依靠有直接目的的言論和行為，更多的還在他的身教，讓我看到他的為人。

他對人生的看法，帶有古代的斯多噶、伊比鳩魯和犬儒學派（以古代不是現代對這個詞的含義而言）的特性。在他個人品格方面主要是斯多噶學派的；在道德標準上是伊比鳩魯學派的，也就是功利主義的，以行為產生的結果是快樂還是痛苦來作為決定是非的唯一標準。但是他又不貪圖快樂（這一點又是犬儒主義的），至少在他的晚年是如此，單以他晚年這段時間來看，我可以肯定這一點。他不是對快樂沒有感覺，而是他認為，至少按目前的社會情況看，幾乎沒有什麼快樂抵得上必須付出的代價。他認為大多數生活中的失敗，都是過份重視快樂的後果。因之，希臘哲學家所指的廣義的克制——就是所有欲望必須止於適度——對他來說同對那些希臘哲學家一樣，幾乎是教育箴言的中心要旨。在我的童年回憶中，他對這個美德的諄諄教導占有很重要的地位。他認為：人生在青春過去，永不滿足的好奇心消退之後，充其量也是非常可憐的。他不常談起這個主題，尤其是有青年在場時更閉口不談，可是一旦談起它時用的總是堅定和深信的口吻。有時他會說，如果有良好政治和良好教育把生活造成應有的狀況，這樣的生活才有價值。但是，他即使提到這種生活的可能性時，也從來不帶一點熱情。他始終認為，從知識中得到的享受超越其它一切，姑且不論日後的好處，單從快樂上來衡量也是如此。他把仁慈憐愛的快樂看得更高，他常說，他從來沒有碰到過一個快活的老年人，除非他們能再次生活在青春快樂之中。對於各種各樣熱烈情緒和人們用高度熱情說出的話或寫出的文章，他一概表示極度的蔑視。他認為這些是瘋狂的表現。「熱烈」一詞成為他表示輕蔑不滿時的口頭禪。對照古人的道德標準，特別強調感情，在他看來，是偏離了現代道德標準，因此，感情不值得稱讚，也不必加以責備。對與錯、好與壞，在他看來完全是行為——行動與不行動——的屬性，任何感情都可以或常常會導致不是好就是壞的行為。良心本身，想作好事的願望，往往引導人們作了壞事。他始終認為，褒與貶應以阻止作惡，鼓勵行善為目的，所以他的褒與貶不因對方的動機而轉移；即使對方的動機出於責任感，在他看來是惡行，還是要嚴加斥責，有如對方是有心作惡一般。如果有人為中世紀宗教裁判所的裁斷官辯護，說他們真摯地相信把異端分子處以火刑是出於良心上的義務，他是絕不會接受這種辯解的。雖然他不會因為目的誠實而減輕對錯事的譴責，但是對方目的如何，在他評價這個人的品性時還是有很大的作用。可以說沒有人比他更珍視意圖的誠實和正直，也沒有人比他更不輕易去評價他所不徹底瞭解的人。對於別人的其他缺點，只要他認為這些缺點會使他們做出壞事，他也同樣嫌惡。例如他不喜歡因自私目的懷有不良目標的人，但他同樣或者更加討厭懷有同樣目標的盲從之徒，因為他認為後者可能更易作惡。他厭惡許多理智支配下所犯的錯誤，討厭他認為屬於這種錯誤的行為，在某種意義上說，這些錯誤都含有道德感情的性質。所有這些總結來就是說，我父親的見解裏滲透著自己的感情，這在過去很普通，而現在卻很罕見。確實，某些既富有感情又有卓見的人為什麼能夠在見解中不滲入感情，的確令人費解。只有那些不重視見解的人，才會把這一點誤認為不寬容的表現。那些認為自己正確的見解極其重要、認為與自己的見解相反極為有害、同時對公眾幸福極其關心的人，必定會一致地不喜歡那些觀點與他們截然相反的人，雖然他們（包括我父親）不一定會因之看不到對方的長處，也不會在對人作評價時囿於一般推測，不問對方的全部品性。我承認，一個認真的人不比別人少犯錯誤，他容易討厭別人的、並不足以引起討厭的見解；但是，如果他本人既不對這些見解惡意中傷，也不姑息別人這樣做，他就該算是寬容的。只有從內心認識到平等發表各種見解的自由對人類的重要意義，由此產生的寬容才是唯一值得稱讚的寬容，或者可以說是值得稱為符合人類精神上最高道德標準的寬容。

大家會同意，一個具有上述見解和品格的人，有可能在受他熏陶的心靈上留下深刻的道德印象，他的道德教育應該不會陷入鬆懈或姑息的錯誤。在他與孩子們的道德關係中主要缺少的成分就是溫情。我不相信他天性中缺少這個成分，我以為他賦有的感情要比經常表現出來的多得多，感情的內涵比平時外露的多得多。他和大多數英國人一樣，羞於顯示感情，將感情深藏心底，永遠不給它流露的機會。如果我們進一步想一想，父親處於獨自一人教育孩子的艱苦的位置上，加上他天性急躁，我們是不可能不予真正同情的。父親一直竭盡全力教育孩子，他原是多麼珍視孩子們的感情，他一定時常覺得孩子的感情會因為畏懼他而在產生之初遽然枯竭。後來的情況不再是這樣，這在他與較小孩子的關係上就表現得很明顯。我的弟弟妹妹都柔情脈脈地愛他；如果我說不上同樣的愛他，我一直對他懷著忠誠的敬愛。至於說到我的教育，我不能肯定他的嚴肅態度對我有好處還是有害處。父親的嚴格並不影響我有一個快活的童年，而且我不相信，單是以規勸和好話能誘導男孩子努力攻讀苦燥乏味的功課，要他們長久堅持就更加困難了。孩子們必須做許多功課，必須學會許多東西，要達到這些目的，嚴格的紀律和使孩子們知道有可能受懲罰是必不可少的手段。現代教育要求孩子學習的功課儘可能輕鬆和有趣，的確這種努力值得稱讚。但是如果這個原則發展為只要求兒童學習輕快和有趣的東西，那麼必然要犧牲教育的一個主要目的。我對舊式殘暴專橫的教育制度的沒落，表示欣慰，但是這種辦法能使兒童養成專心用功的習慣；在我看來，新制度正在養成一批人，他們將沒有能力做他們不樂意做的事情。我不相信，把畏懼當作教育的一個因素是可以抹煞的，但是我確信，它不應該是主要因素，如果畏懼過分，以致使兒童對日後應該全心信賴的導師失去敬愛與信任，也許還會阻礙孩子天性中的坦率和自發的喜說愛道的特點的發展。這是一種弊病，它使教育的其它方面給予兒童的德育和智育上的好處會因之大大減少。

在我童年生活的這一階段，到父親家來的常客極少，大部分是不出名的人。可是他們有高尚的人格，或多或少與父親的政治見解相同（與父親政治見解相符的人後來才慢慢增多），所以他珍視與他們的友誼；而他與他們的談話，我聽了覺得不但有趣而且富有教益。由於我和父親一直合用一個書房，所以我能認識他最親密的朋友——大衛・李嘉圖。這位客人一副慈愛的容貌與和藹的態度，對年輕人極有吸引力。在我學習政治經濟學後，他邀我去他家，同他一起散步，邊散步邊交談這個主題。大約在一八一七或一八一八年，我更經常訪問休謨先生，他和父親出生在蘇格蘭同一個地方，我相信他是父親中學或大學時代的學弟。他從印度回來，與父親重敘青年時舊好；同許多人一樣，他深受父親才智和堅強性格的影響，他進入國會，部分也是受這種影響的誘導。在議會裏他所採取的政治主張使他在我國歷史中占有光榮地位。邊沁先生因為與父親友誼很深，我見到他的機會更多。我不知道父親到英格蘭後過多久才與他結識，但父親可算是英國聞人中最早徹底瞭解並採用邊沁的倫理、政治和法律觀點的人，而此種瞭解是他們意氣相投的自然基礎，使他們在邊沁生活中那段不大接見來客時期（後來就不是這樣）成為親密的友伴。那時邊沁先生每年總要在巴羅格林豪斯住上一段時間，那裏是薩里山區景色優美之地，距戈德斯東只有幾英里遠，我每年夏天總要陪伴父親到那裏作客，住上許多天。一八一三年邊沁先生、父親和我一起旅行，到了牛津、巴思和布裏斯托爾、埃克塞特、普利茅斯和樸茨茅斯。在這次旅遊中我見到許多對我有益的事物，並第一次引起我對自然風景的興趣，養成對「景色」的愛好。同年冬天，我們搬進向邊沁先生租賃的坐落在威斯敏斯特王后廣場的一處房子，離他的住所很近。從一八一四年到一八一七年，邊沁先生每年有半年時間住在福特修道院，這個修道院在薩默塞特郡（或者不如說在被薩默塞特郡包圍的德文郡裏）。我不時有機會到那個地方小住。我想這種逗留對我的教育來說是一個重要的際遇，因為對一個人情操的提高，沒有比宏大而有自由空氣的住所能起更大的作用，這個美好古老地方的中世紀建築，豪華的大廳和寬大高敞的房間，與英國中產階級所生活的簡陋而狹窄的空間相比有天壤之別，給我一種置身於更大更自由空間的情趣，加上修道院周圍田野的風光，使我受到詩情畫意的熏陶。這裏有令人心曠神怡的景色、靜僻幽雅的環境和潺潺不絕的泉水聲。

我曾在法國住過一年，這是讀書時代的另一次良好際遇，應該感謝邊沁先生的兄弟塞繆爾·邊沁爵士，他是一位將軍，這個際遇是他賜予的。在上文提到的那次旅行中，我曾在戈斯波特附近爵士的家裏見到他和他的眷屬，他當時是樸茨茅斯軍艦修造所的監督；戰爭結束後不久，他們在去歐洲大陸定居之前曾到福特修道院小住幾天，那時我又見到他們一次。一八二○年他們邀請我去法國南部他家作客六個月，結果承他們厚意，我差不多住了一年。塞繆爾·邊沁爵士的性格雖然和他傑出的兄弟不一樣，但是造詣很深，富有毅力，對機械工藝有顯著的天才。他的夫人是卓越的化學家福代斯博士的女兒，她意志堅強，性格直爽，常識豐富，並且有女作家埃奇沃思那種對實際事務的判斷能力。她是一家的靈魂，對這個稱號她當之無愧，完全適合。他們有一個兒子（著名的植物學家）和三個女兒，最小的一個女兒比我大兩歲。我感謝他們給我許多各種各樣的教導和父母般的關懷。一八二○年五月我初到時，他們住在波比南別墅（當時還是伏爾泰一個敵人的後裔的產業），這座房子坐落在高地上，可俯視蒙托邦和圖爾茲中間加龍河平原。我曾跟他們旅遊庇里牛斯山，旅途中在巴涅爾德比戈爾逗留一段時間，去了波、巴榮納和呂雄的巴涅爾，並登上比戈爾的米迪峰。

第一次登覽無比優美的山景給我留下非常深刻的印象，引起我終生對自然景色的愛好。十月份我們從圖盧茲出發去蒙彼利埃，經過美麗的卡斯特爾和聖蓬斯的山道。在蒙彼利埃附近塞繆爾爵士剛購入離聖盧普孤山山腳不遠的勒斯坦克利爾的產業。這次在法國期間，我學會法文，熟悉一般法國文學；我學習各種體操，但是沒有一項精通；在蒙彼利埃，我聽了科學院精采的冬季講座，有昂拉達先生的化學講座，普羅旺薩爾先生的動物學講座，還有關於十八世紀形而上學的公認代表人物熱貢內先生的邏輯學講座（題目稱為科學的哲理）。我還在蒙彼利埃的利塞大學朗泰里教授私人教導下學完高等數學課程。在這段時間的教育中，我獲益最多的也許還是在整整一年裏吸入大陸生活的自由而宜人的空氣。這種好處是實實在在的，雖然當時我不但無法估計它，而且甚至沒有意識到它。我幾乎沒有英國生活經驗，少數我認識的人，多半是心懷公益不謀私利的人，我對所謂英國社會的卑下的道德風尚一無所知。英國社會行為習慣的目的確實日趨低級和卑賤，人們對此雖不公開承認，但總是用各種方式暗示為當然。高尚情操的缺乏，表現在以嘲弄的態度貶低所有的高尚行為，表現在大家絕口不談任何的行動高尚準則（除少數嚴格的宗教信徒外），除非在特定場合要表白一下裝裝門面。當時我還不知道也沒有能力估量英國的這種生活態度和法國人的生活態度的差異；我想，法國人的缺點，如果說同樣存在的話，無論如何也完全不同。不論在書本裏還是私人生活中，他們有一種比較起來至少可說是高尚的情操，即善感，它是人們互相交往的金屬貨幣。這種情操雖然被認為漸趨淡薄，但是由於人們一直以此交在，所以在整個民族中還大部分保持著，而且這種情操還受同情心的激勵，結果是在許多人中間造成生動活潑的氣氛，並得到所有人的承認和理解。當時我不懂得普遍培養理解的重要性，這種理解是習以為常的使用感情的結果，並傳到了歐洲大陸幾個國家的大多數未受教育的階級裏；在英國的所謂知識階層裏，除了由非尋常的良心敏感性導致習慣地運用理智以判斷是非問題的地方外，在理解上不能與大陸同日而語。普通英國人對無私利的事情不感興趣（偶而特殊情況除外），他們對確實感興趣的事情又有不對旁人公開，甚至連自己也不承認。我不知道是否由於這種情況使他們的感覺和智能停滯不前，或者只在幾個簡單有限的範圍內得到發展，使他們（作為有思想的人）陷入一種毫無生氣的生活。上述種種情況，在很久後我才覺察到，但是即使在當時我已感覺到（雖然未形成清晰概念）：法國人個人交往中的坦蕩友誼與和藹態度，和英國人待人接物的方式（很少或者絕無例外）似乎別人不是冤家就是對頭，形成明顯的對照。確實，在法國，無論是個人還是整個民族，比起英國來，他們的優點和缺點顯露在外表上，在尋常交往中暴露得更無忌憚。只要沒有相反的確實理由，法國人每個人對別人都有表達友好感情和期望別人給予友好感情的習慣。在英國，只有高等或中上等階層中受過最好教育的那些人，才談得到這一點。

在我去法國往返兩次途經巴黎時，曾在著名政治經濟學家薩伊先生家裏耽擱了一段時間，他是父親的朋友，他們互相通信。戰爭結束一年或二年後他曾來英國，那時和父親相識。他是法國革命後期人物，是最優秀法蘭西共和黨人中的典範，是不受拿破崙籠絡、不向他屈膝的人物之一，是一位確實正直、勇敢的有識之士。他過著恬靜勤學的生活，深受公眾和朋友們熱烈敬愛。他熟悉許多自由主義政黨的領導人物，我住在他家時見到各類著名人士。我愉快地回憶起其中有聖西門（見過一次），當時他還沒有成為一種哲學或信仰的創建人，人們只認為他是一個有創造才能的聰明人。我認為，我從這些人那裏得來的主要收穫是對歐洲大陸自由主義發生強烈而經久的興趣，從此我對它永遠像對英國政治一樣隨時加以注意。這種自由主義在當時英國人中間絕不尋常，它對我以後的發展極有稗益，使我能不犯下以英國標準判斷世界問題的錯誤，這種錯誤即使像我父親那樣能擺脫各種偏見的人亦在所難免。在卡昂和一位父親老朋友盤桓幾周後，我於一八二一年七月回到英國，重新接受我的常規教育。

第三章

1821年——1823年

教育的末期和自學的初期

在我旅法回來的一、二年期間，我繼續原來的學習，只增加少許新的內容。當我回到英國，父親的《政治經濟學要義》的出版行將完成，他叫我在他的手稿上做一種練習，也就是做段落提要的工作，邊沁先生在他自己所有的作品上都是這麼做的；即在每一段邊上摘出簡短的要旨，使作者易於判斷和改進思想層次和敘述大意。不久後，父親叫我讀孔迪拉克的《感覺論》（*Traité des Sensations*）和他的《修學指南》（*Cours d'Etudes*）中有關邏輯和形而上學的幾篇文字。父親要我讀《感覺論》（雖然孔迪拉克的心理學理論表面上與父親的相類似）是要我將其看作既是一種典範，也是一種訓誡。我記不清在這年冬天還是隔年冬天，我第一次讀到法國革命史。我驚奇地知道，那時在歐洲各地處於少數的顯然是無足輕重沒有希望的民主原則，竟在三十年前已經首先出現在法蘭西，而且成為這個民族的信條。由此可見我先前對這個偉大動亂只有模糊的認識。我以前只知道法國人推翻了路易十四和十五的獨裁王朝，處死國王和王后，把許多人送上斷頭臺，其中一個就是拉瓦西埃，而最後卻遭受拿破崙的專制統治。自此以後，這個主題自然有力地抓住我的心靈，它完全投合我少年的抱負，使我渴望做一個民主鬥士。在法國不久前發生的事情，似乎很容易重演，我所能想像的無上光榮，就是不問成敗，做一個英國國民議會中的法國吉倫特黨人。

一八二一到一八二二年冬天，父親在我旅法期間新交的朋友約翰・奧斯丁先生好意地允許我向他學習羅馬法。父親雖然嫌惡地稱英國法律雜亂無章，但是認為讓我當律師還是比別的職業可取。奧斯丁先生吸取了邊沁最精彩的思想，加入了取自別方面的和自己思想中的成份，所以跟他學法律不但能得到珍貴的法學入門知識，而且在我的普通教育中也是重要的一部分。我跟他讀了埃內希斯的法制論、羅馬古制和法規彙編注釋的一部分，此外，還有布萊克斯通的許多作品。就在開始讀這些書籍時，父親又要我讀邊沁先生的《立法論》(*Traité de Législation*)，作為必要的補充，書中邊沁的重要思想後來由其門徒杜蒙推展向歐洲、全世界。閱讀這本書成為我生活中的一個新時代，也是我思想發展歷史的一個轉捩點。

我以前所接受的教育，在某種意義上說，已經合乎邊沁思想的方向，父親一直教我運用邊沁「最大幸福」的準則來觀察事物，其抽象討論我早就熟悉了。在父親根據柏拉圖模式所寫的、但未發表的政治對話篇中，這種討論是插話的一段。但我一翻開邊沁此書的開頭幾頁，就有一股強勁清新的氣息撲面而來，書中邊沁評論關於道德和立法的一般推理方式的那一章就給我此種清新的印象。他指出，這種推理方式是從諸如「自然法則」、「正確理性」、「道德意識」、「自然的公正」等等語彙演繹而來，它是披上偽裝的武斷論，在富麗堂皇的言辭掩飾下把它的思想感情強加於人，而這些言辭並不為思想感情表達理由，只是舉出思想感情作為其本身的理由。邊沁的理論把所有這一切一下子推倒，這是我以前不曾想到的；我很快就感覺到，邊沁超出以往所有的倫理學家，他的理論確實是思想上新時代的開始。他分析各種行為結果的不同種類和等級，科學地把幸福原則運用在行為的道德性上，這更增加我對他的欽佩。但此時最使我驚訝的是他對「犯罪的分類」，在這個問題上杜蒙的編譯本比他所根據的邊沁原著論述得更加清楚、緊湊和動人。柏拉圖的邏輯學和辯證法是我先前學習的主要課程之一，它使我強烈喜愛精確的分類法。在法國時我曾學過建立在所謂「自然方法」原則上的植物學，雖然只是為了消遣性質，我學時卻很熱情，因之更加增強和啟發我對分類法的興趣。當我發覺，在「快樂和痛苦後果」的倫理原則指導下，完全遵照邊沁提出的詳細方法，把科學的分類法運用到「可罰行為」這個重大而複雜的主題上時，我彷彿被帶到高處，從那裏能俯覽浩瀚的精神領域，把視力展向遠方才能看到無數智力的碩果。我繼續往下讀，我覺得除了理論的清晰透徹以外，還有實際改進人類事務的令人振奮的前景。邊沁對於構成法律體系的總的觀點，我不是完全不知道，我曾用心讀過我父親寫的題為〈法理學〉（*Jurisprudence*）的精彩論文，但是我讀這篇文章收穫很少，也沒有什麼興趣，這無疑是由於它過於籠統和抽象，也由於它偏重法律形式，忽略法律的實質，也就是偏重法律的邏輯，忽略法律的倫理。但是邊沁寫的主題是立法，法理學只是它的外形，他書中的每一頁似乎都展現著更清晰更廣泛的概念，闡明人類應該具有怎樣的思想和制度，怎樣才能使思想與制度達到應有的狀態，這個應有的狀態和現在的狀態相距有多遠。當我讀完《立法論》的最後一卷時，我的思想完全變了。像邊沁那樣理解的，像邊沁在三卷《立法論》中那種方式運用的「功利原則」，確實成為把我分散零碎的知識和信仰融合一起的基本原理，使我對事物的概念統一起來。現在我有各種思想；一個信條、一個學說、一種哲學和一種宗教，其宣傳和灌輸值得作為一生的重要目標。我的眼前有一個宏偉想法，就是那個理論將改變人類的狀況。《立法論》介紹的種種思想和法律在我面前展示了一幅人生最美妙的圖景。書中預料的可行改良辦法是極溫和的，它把許多事情看成是由模糊熱情引起的幻想而加以反對，雖然這些事情有朝一日可能成為人類極為尋常的事情，以致那些曾把它們認為空想的人，有可能在將來被證明是不公正的。但是在我的心底，此種超於幻想的外觀加上邊沁理論對我精神力量提升的影響，以及他所打開的改善人類條件的宏大燦爛遠景，足以點燃我生命中熊熊烈火，確定了我內心的抱負。

此後，我常常讀已出版的邊沁其它著作，不論是他自己寫的還是杜蒙編的。這是我的自修讀物；同時，在父親指導下，進入學習分析心理學那種較高級的課程。我讀洛克的《論文》，根據它寫出筆記，包括每一章的完整摘要，偶有所得，做一些評注；這些評議有時由父親讀，有時我讀給父親聽，都要徹底討論。我用同樣方法學習愛爾維修的《精神論》（*De l'Esprit*），這冊書是我選擇的。在父親監督下所做的這種摘要工作，對我好處極大，因為在做這項工作時，我對於各種心理學說（不論作為真理而接受或僅僅是看作他人的見解）不得不更精確地思考及表達。念完愛爾維修《精神論》，父親要我學習他認為是真正思維哲學的傑作，哈特利的《對人的觀察》（*Observations on Man*）。雖然這本書不像《立法論》那樣強烈影響我的人生觀，但在它所講述的主題範圍內給我非常類似的印象。哈特利在許多地方雖然敘述得不夠完全，但他以聯想規律解釋複雜的精神現象，使我立刻感到這才是真正的分析，對照起來，孔迪拉克用一般化的言詞分析方法不免相形見絀，即使洛克以有指導意義的摸索和感覺作為解釋心理活動基礎的方法也不夠健全。就在這個時候，父親開始寫他的《心理分析》（*Analysis of the Mind*），此書大大增加哈特利解釋精神現象方法的廣度和深度。一年當中他只有一個月或六個星期的假期才完全空閒無事，可以集中思想從事寫作。一八二二年夏天，他在多金第一次度假時開始動手寫這部作品，從那時起直到他去世為止，除了兩個年頭外，只要公務許可，每年總有六個月時間住在多金郊區，寫作《心理分析》，連續好幾個假期，一直到一八二九年該書出版，在此之前，他寫完一段手稿便允許我閱讀一段手稿。我讀過的並且喜愛的其他重要英國思維哲學作家，主要有伯克利、休謨的《論文集》（*Essays*），里德、杜加爾德・斯圖爾德和布朗的因果論。布朗的《講演集》（*Lectures*）我在二、三年後才讀到，就是父親在當時也不曾見過。

這一年裏，對我的進步大有幫助的書籍，還應該提一提《自然宗教對人類今世幸福影響的分析》（*Analysis of the Influence of Natural Religion on the Temporal Happiness of Mankind*）一書，它是根據邊沁的某些手稿寫成的，用假名菲利普．比徹姆發表。這本書不檢驗宗教信仰的真偽，而檢驗屬於最普通常識的宗教信念的實用性，不涉及任何特殊啟示。關於宗教的各方面論述，這本書在這個時期是最為重要的，在這個時期裏人們對宗教教義的真正信仰都很薄弱而且並不堅定，但是卻普遍認為宗教對道德和社會目的是必要的；此時那些反對啟示的人一般託庇於樂觀的自然神論，即崇拜自然的秩序和想像中通向上帝的道路；如果對自然神論有完整的瞭解，會發現它與基督教的任何教派一樣矛盾百出和違反道德情操。但是，懷疑此種形式信仰的實用性的人，幾乎沒有寫出稱得上具有哲學性質的文字。那本以菲利普．比徹姆名字寫的書即以反對這種信仰為其目的。這本書的手稿給我父親看過，父親就把它給我看，我像過去讀《政治經濟學要義》時一樣在頁邊上作分析。此書分析深入全面，給我影響僅次於《立法論》。隔了許多年後重讀此書，我發覺其中既有邊沁思想方法的優點，也有它的缺點，在我看來此書有許多論證理由不足，不過正確的論點還是占大部分，而且書中有許多難得的資料，可供更全面地從哲學上研究這個主題之用。

我相信，所有對我早期思想發展有重大影響的書籍都已提到了。從此以後在促使我智力發展方面，寫作重於讀書。一八二二年夏天，我寫成第一篇辯論文章，它的內容已很少記得了，只記得主旨是攻擊貴族偏見的，這種偏見認為富人在道德上比（或者可能比）窮人優越。我寫的全是辯論性文字，毫無青年作家寫此等主題時應該會有的慷慨陳詞，在雄辯方面我不但當時不行，而且以後一直不行。我能夠寫出來的只有乾巴巴的論據，我也願意讓它如此，雖然我對於訴諸於以理性為基礎的感情文字——不論詩歌形式或者演講形式——很容易受其感動。在這篇文章脫稿後，父親才知道，他表示頗為滿意，據別人告訴我，他甚至喜歡它。可是也許父親希望我在純邏輯之外，再做一些別種思維能力鍛煉，他要我接著做演講體文章。根據他的建議，由於我熟悉希臘史和思想以及雅典的演說家，所以寫了兩篇演說詞，一篇是控告佩里克利的，另一篇是為他辯護的；虛擬的案由是在拉西迪莫尼亞人進犯雅典時，此人不出兵迎敵。此後我繼續寫論文，主題往往超出我的能力範圍，不過這種練習本身以及與父親一起對文章的討論，都給我很大好處。

現在我開始與我所接觸到的受過教育的人士談論一般性的主題，而且這種接觸的機會自然越來越多。在父親朋友中，我得益最大、交往最多的是格羅特先生和約翰·奧斯丁先生。他們和父親相識不久，但很快成為知交。格羅特先生是由李嘉圖先生介紹給父親的，我想是在一八一九年，當時他大約二十五歲，他很願與父親交往和談論。那時他已經受過高深教育，但在父親身邊談論人類思想大問題時，還顯得是個初學後輩。但是他很迅速掌握我父親最正確的思想；在他的政治見解方面早在一八二〇年由於寫了一本小冊子而出名，這本小冊子為激進改革辯護，回應詹姆斯・麥金托什不久前發表在《愛丁堡評論》上的著名文章。格羅特先生的父親是個銀行家，我相信他是徹頭徹尾的保守黨人，他的母親是虔誠的福音派教徒，所以他本人的自由思想絕非受家庭的影響。但是他不同於大多數將會有一大筆遺產的人，雖說積極從事銀行業務，他還是把很大一部分時間用來研究哲學；而他與我父親的親近，對於他思想發展下一階段的特性，起了決定性的作用。我常常拜訪他，同他談論政治、道德和哲學等問題，除了得到許多教益外，還使我感到與一個知識淵博、道德高尚的人作思想交流的喜悅和好處；他的學問和道德後來透過生平與著作昭示世人。

奧斯丁先生比格羅特先生大四、五歲，是薩福克退休磨坊主的長子。這位磨坊主在戰爭期間靠國家訂貨賺了錢，他的幾個兒子人人才華出眾，都是高尚的紳士，推想起來他本人一定是個不同凡俗的人物。現在提到的那位奧斯丁先生，由於他的法理學著作出了名，他曾在軍隊裏待過一陣子，隸屬威廉・本廷克勛爵麾下，在西西里服過役。戰後他賣掉軍銜學習法律，在父親認識他以前，他當過律師。他一點不像格羅特先生那樣是我父親的學生，但是，他經過閱讀和思考，獲得許許多多與父親相同的見解，並透過他本人堅強個性的修正與加強。他富有才智，在談論中表現得最為明顯，當辯論激動時，他習慣運用有力和華麗的辭藻，對最為普通的主題堅持這種或那種的見解，同時顯出不但堅強而且審慎鎮定的意志力，還夾雜著一絲嘲諷，這部分由於性格，部分由於感情和思考的投入。凡是有分辨能力和高度認真的人在當前社會和知識的狀況下，對生活和世界都或多或少感到不滿，對於像他那種消極的道德敏感性超過積極活力的人來說，此種不滿十分自然地在他們的性格裏染上一層憂鬱的色彩。必須指出，他的態度所表示的堅強自信的意志力，基本上又消耗於他的態度上。他有造福人類的巨大熱情和高度的責任心，以及由他留下的著作所證明的豐富能力和學問，可是他從來不曾完成任何巨著。他想做到的標準如此之高，又如此誇張自己做得不夠，對自己合乎處境和目的的精心之作的數量又如此難以滿足，因而他經常由於過度用心刻劃反而糟塌掉許多為尋常用途而創作的作品，在不必要的研究與思索中浪費許多時間和精力，所以在他的任務應該可以完成的時候，往往過勞致疾，以致所承擔的工作還沒有做到一半；這種思想上的弱點（在我認識的有才能的人中，他不是唯一例子），加上經常易犯雖不危險但影響工作的疾病，因此他一生中完成的工作還不如他能力所及，可是凡是他寫出來的東西，最有能力的批評家都給予最高評價。像科爾里奇一般，他也有理由說自己功過足以相抵，因為與他談論過的許多人不但得到許多教益，而且能大大提高品格。他的影響對我極為有益，是真正的道德影響。他對我表示真誠和善意的關注，遠遠超過像他這樣年紀、地位和嚴肅性格的人對一個平常少年會有的程度。在他的講話和行為中有一種心胸寬廣的格調，是我當時相識的其它人（倘若也存在同樣心胸的話）所難以表達的。由於在我常見的所有其它飽學之士中沒有和他同樣的精神類型，所以和他交往對我更加有利，在處世態度上，從一開始起他就斷然要我防止種種偏見和狹隘性，這種毛病對一個受特殊思想方式或特殊社會圈子培養出來的年輕人幾乎是難以避免的。

他的弟弟查爾斯・奧斯丁在接下來一、二年中經常和我見面，他對我也有很大影響，雖然性質很不相同。他比我大不了幾歲，那時剛離開大學，在大學裏他以博學、雄辯和健談出名。他對劍橋同輩的影響算得上是具有歷史意義的事情。他的部分影響在自由主義傾向、尤其是在邊沁式思想和政治經濟學方面見得到，這種傾向從那時開始到一八三〇年止在一部分高年級的思想活躍的年輕人身上表現出來。當時聲名顯赫的聯合辯論社每周進行政治和哲學上極端思想的辯論，它們與反對意見在聽眾前面對面進行辯論，聽眾大部分是劍橋的青年菁英。許多後來小有名氣的人（其中以麥考利勛爵最為著名）都曾在這些辯論中得到初次雄辯的榮譽。查爾斯・奧斯丁的思想在這些辯論家中具有真正的影響。他離開大學以後，以其口才和個人崇高聲譽，繼續擔任那群青年的領袖。他把我也算作他的擁護者之一。通過他，我認識麥考利、海德、查爾斯・維利爾斯、斯特拉特（現為貝爾珀勛爵）、羅米利（現為羅米利勛爵和法院案錄官）以及後來在文學上或政治上嶄露頭角的一些人；我曾聽到他們就許多主題進行辯論，至今還覺得有幾分新鮮。查爾斯・奧斯丁給我的影響與我迄今提到的所有人全不一樣，因為這不是一個成人對孩子的影響，而是年紀稍大的同輩對年紀較小夥伴的影響。與他結交使我第一次感到我不再是在老師指導下的學生，而是成人間的一分子。他是第一個以平等地位待我的才智之士，雖然在共同立足點上我遠不及他。凡與他接觸的人，沒有一個不留下深刻印象，即使與他意見相左的人也不例外。他給人們的印象有無窮力量，既有才幹，又有明顯的意志和性格的力量，似乎有能力支配世界。認識他的人，不管對他是否友好，往往預測他將後在社會上要做一番大事業。很少有人能像他那樣憑言詞產生如此之大的直接影響，除非他們作相當的努力，而他的努力是非凡的。他喜歡出言動人，甚至使人震驚。他知道演講效果最主要依靠堅定與果斷，所以他在論述見解時儘可能使用堅決果斷的言辭，當這些大膽潑辣的言辭使對方大為驚愕時，沒有比這使他更加快樂了。他的哥哥反對狹義解釋和運用他們兩人都信奉的原則；他卻很不一樣，他以最驚人、最使人感動的方式解釋邊沁的理論，故意誇張邊沁理論中任何結果會與人們先入感情相抵觸的地方。他熱情洋溢地予以辯護，並以適當而有力的態度表達出來，所以他總是獲得勝利，或是在辯論中與對方平分秋色。我相信一般人對邊沁主義或功利主義原則和感情的許多概念，原是出於查爾斯・奧斯丁似非而是的宣傳。但是應該說，許多不信舊政治和哲學觀點的年輕人以他為榜樣（並非普遍如此），把人們認為有礙於邊沁主義理論和準則的東西誇大，一時成為青年小團體的標識。所有那些對邊沁理論和準則有信心的人（我也在其內）很快成熟起來，丟掉此種孩子氣的虛榮心，而那些缺乏信心的人厭倦於標新立異，於是將他們信奉過一段時期的違反社會公認標準的見解，不問好壞全部拋棄。

一八二二到一八二三年冬天，我擬訂了一個小型學會的計劃，它由同意下列基本原則的青年人組成：承認功利為倫理和政治的標準，承認我所接受的哲學中得出來的某些重要的必然結論。學會每兩周集會一次，根據大家同意的前題宣讀論文和討論問題。事實經過不值得細說，但是我替學會取名為功利學會這件事倒值得一談。這是第一次有人用功利主義這個名稱，並由於這件微不足道的事情使這個詞從此進入語言之中。我不曾發明這個詞，只是從一本高爾特的小說《教區編年史》（*Annals of the Parish*）中發現了它，這本小說據說是一位蘇格蘭教士的自傳，書中敘述這位教士告誡他的教區徒眾不要離開福音，變成功利主義者。出於孩子那樣對名字和稱號的喜愛，我採用了這個名詞，好幾年來把它當作一個宗派名稱來稱呼我自己和同伴，後來其他一些抱有與功利主義差不多見解的人，也拿來使用。隨著那些見解越來越吸引人們的注意，於是一些局外人和反對者也一再提到它；而當那些首先使用它的人把這個名詞連同宗派特性一起捨棄時，這個詞的使用卻更加普遍。稱作功利學會的團體開始時只有三個會員，其中一位是邊沁先生的抄寫員，他允許我們在他的家裏開會。我記得學會會員從未達到十人，一八二六年學會解散，算來一共存在三年半時間。對我自己來說，組織這個團體的好處，除練習口頭辯論外，更主要的是使我結交幾個當時學識上還不如我的年輕人；在這群信奉同一理論的夥伴中間，我有一段時間成為領導人，對他們思想上的進步有相當大的影響。任何同意我的做法的有識青年，只要其見解與本會宗旨並無抵觸，我必盡力設法接納入會，其中一些人如果不參加這個組織的話，恐怕我們一輩子也不會相識。大家根本不知道「門徒」這個名詞，所有的人都有自己的獨立思想。其中成為我莫逆的會員有威廉・艾頓・圖克，他是傑出政治經濟學家的兒子，是一位在道德上和智力上都很突出的青年，但不幸早年夭亡。他的朋友威廉・埃利斯，一位政治經濟學領域有獨特見解的思想家，現在由於熱心改進教育而受人尊敬。喬治・格雷厄姆後來是破產法庭的官方代理人，是幾乎對所有抽象主題都有獨到見解和傑出智力的思想家。約翰・阿瑟・羅巴克在一八二四或一八二五年第一次到英格蘭學習法律時，參加我們的組織，他後來的成就比誰都高。

一八二三年五月，父親為我在東印度公司找到一個職位，就這樣決定我以後三十五年生活的職業和地位。我在印度通訊稽核官辦公室工作，就在父親直接領導之下。我以通常方式接受任用，列在書記員名單的末位，憑資歷晉升，至少第一次是如此。但是根據事先談的條件，我上任後得草擬電文稿件，接受訓練，準備今後接替那些高階的官員。當然在起初一段時間，我擬的底稿需要由頂頭上司大加修改，但我很快熟悉業務，由於父親的指點，也由於我智力的增長，幾年之後我就有資格擔任（實際已是）公司一個領導部門——土邦部——的通訊主管官員。這個工作我做了很長一段時期，後來升任稽核官，但我擔任新職只有兩年，兩年後東印度公司作為政治實體的資格被取消，決定了我的引退。我不知道還能得到什麼足以糊口的職業，而它能比我這個職位更適合一個經濟不能獨立，又想在二十四小時中抽出一部分時間進修個人知識的人。為報紙寫文章，對於有條件在文字或思想較高領域取得成就的人來說，不能視為永久的生計來源，不但因為這種生活手段很不可靠，尤其是有良心的作家，除自己觀點外不願聽從別人意旨進行寫作；而且因為作家靠它為生的作品，本身就沒有存在的價值，它絕不是作家嘔心瀝血之作。能造成未來思想家的書籍，需要很長時期才能寫成，一旦作品寫成，一般說來要引起公眾重視與欣賞的時間太長，作家難以賴此為生。那些不得不靠筆墨過活的作家只能辛勤筆耕，最好的也只是依賴寫些通俗性的作品，他們要做些自己選擇的工作，只能從必要時間中擠出一點時間來，但這樣省下來的時間一般要比當公務員的閒暇時間少，而又更易使身心疲憊不堪。至於我自己，從生活中體會到，辦公事只是在我同時進行其他腦力工作後的實際休息。在機關辦公也是知識性事務，但不是十分乏味的苦工，用腦強度不會使習慣做抽象理論工作或從事細緻文字寫作的人感到腦力疲勞。但是正如每項工作都有缺點一般，當公務員的缺點我也深深感到。譬如說我不在乎失去某些職業——尤其是上文提到父親曾想叫我從事的律師職業——名利雙收的好機會，但是對於失去當議員和參加政治活動的機會，我難免有動於衷，我的工作把我長期束縛在倫敦一地，這更使我感到不快。東印度公司給予的假期每年不超過一個月，而我的個性卻強烈愛好鄉間生活，我在法國的旅居生活引起我熱烈嚮往旅行。雖然這種愛好不能無限制地得到滿足，但也不是完全不能滿足。全年裏大部分星期天我在鄉間度過，有時星期天留在倫敦，也要到郊外長途散步。每年一個月的假期，開始幾年去父親鄉下住所度過，後來用全部或一部分時間外出旅行，大部分是徒步旅行，旅行時總選擇一個或幾個青年朋友作伴；後一段時期作遠途旅行時，有時一個人去，有時和其它朋友一起去。法國、比利時和德國萊茵河地區是我一年一度的假期易到之處；有兩次較長的假期，一次三個月一次六個月，在醫生勸告下去了瑞士、蒂羅爾和意大利。所幸這兩次旅行都在我年輕時候，為我留下大半生美麗有益的回憶。

我同意別人這樣推測：我的公職給我一個機會，使我能通過個人觀察學會處理實際公務的必要條件，這個機會對於我作為當時學說和制度的理論改革者來說，有很大的價值。當然，這不是說此種在紙上辦理並要在地球的那一邊生效的公務，其本身能給我許多生活的實際知識，而是說此種工作使我經常目睹耳聞各種各樣的困難，並以有利於執行的觀點再仔細提出和討論解決困難的辦法；它使我有機會觀察到，國家政策和其他政治措施在何時以及何種原因下不能產生所期望的效果；對我最有價值的是，它使我在這一部分工作中成為機器中的一個輪子，而整部機器必須配合起來才能運行。作為一個純理論作家，我本應獨自思考不必與人商議，本來不會在思考中碰到只有實際應用理論時才會遭遇的阻礙；但是作為一個主持政治通訊工作的秘書，我所發布的命令和發表的意見一定得使許多與我完全不同的人們滿意，一定得使事情適合於具體執行，因此我具有良好條件在實踐中找到辦法，把政策以最容易被接受的方式深入對此沒有準備的人們的內心；同時工作使我真正懂得使眾人感動的困難，懂得妥協的必要和犧牲次要以求保全大局的藝術；我學會了在不能得到全部時，怎樣得到我能得到的最重要的東西；在我的主張不能全部貫徹時我能不氣憤，不沮喪，能貫徹最小一部分時，我會從中感到喜悅和鼓勵；在連這一點也做不到時，我能完全心平氣和地忍受自己的主張全盤被否決。我從生活中發現，這些心得對個人的幸福有無比的重要性，這些心得也是使人——不管是理論家還是實幹家——能夠把握機會做出最大好事的必要條件。

第四章 1823年——1828年

青年時代的宣傳工作
威斯敏斯特評論

我在公務中雖花了這麼多時間，但沒有放鬆自修，我還以前所未有的幹勁繼續學業。大約就在此時我開始在報紙上寫文章，第一次發表的是在《旅行者》晚報上的兩封信，那是近一八二二年年底的事情。《旅行者》（後來被《環球》報收買，合併出版，稱《環球與旅行者》）當時是著名的政治經濟學家托倫斯上校的產業，主編是有才幹的沃爾特·庫爾森（他曾是邊沁先生的抄寫員，後來入新聞界，當時是編輯，後來做過律師和財產代理人，最後去世時是內政部顧問），這份晚報是自由黨最重要的機關報之一。該報許多政治經濟學文章由托倫斯先生親自執筆；當時正在攻擊李嘉圖和我父親的某些理論。在我父親的鼓勵下，我寫了一封信進行回答，庫爾森為對父親表示尊敬和對我表示好意，將信登載出來，同時附有他寫的一篇答覆，對此我寫了第二封答辯信。不久我試圖做雄心更大的事情：理查德·卡萊爾和其妻子與妹妹被起訴出版敵視基督教義的書刊，引起人們高度重視，特別是與我接觸較密的一些人更為注意。當時不存在政治上，尤其是宗教上的議論自由，甚至在理論上的探討都不許可（現在至少已得到承認）；持異議的人不得不為爭取言論自由而隨時準備反覆辯論。我寫了連續五封信詳論自由發表任何宗教見解的重要性，以威克利夫的筆名投給《早晨記事報》，其中三篇於一八二三年一月和二月發表，另外兩篇因言論激烈不合該報宗旨，一直沒有刊出。但我隨即寫成一篇同樣主題（下院正在辯論這個主題）的論文，該報作為社論登載出來。

一八二三年一整年，我有相當多稿件發表在《記事報》和《旅行者》上，有的是書評，但更多的是評論議會發表的一些胡言亂語、法律的缺陷以及關於地方行政官或法院的失職行為的通信。對於官吏的揭發，《記事報》在當時作出非凡的貢獻。佩里先生死後，該報的編輯和經理責任由約翰•布萊克先生承擔，他原是該報的記者，他博覽群書，知識淵博，為人誠實，心地單純。他是父親的一位好朋友，深信父親和邊沁的許多學說，並以非常熟練的技巧把它們以及其它有價值的思想，灌注在他的文章裏。從此時起，《記事報》不再像過去那樣僅僅是輝格黨的喉舌，在此後十年裏它可以說成為激進功利主義者的理論的傳播工具。此類文字大多出自布萊克的手筆。協助他的為方布蘭克，後者以在該報撰寫論文和諷刺小品開始展露寫作才能。該報大量揭發法律和司法行政上的缺點，對它們的改進作出巨大貢獻。在那時以前，對英國制度和行政機構的最大弊端，除了邊沁和父親以外，還不曾有公開批評的片言隻字。所有英國人幾乎普遍深信英國的法律、英國的審判制度和英國的不支工資的地方行政官吏制度是優良的典範。我可以恰如其份地說，繼提出重要理論和資料的邊沁之後，破除上述害人迷信的最大功績應屬這位《早晨記事報》的編輯布萊克。他不斷地進行攻擊，揭露法律、法庭（支薪與不支薪）的荒謬和邪惡，使人民的心中對之有比較正確的認識。在其他許多問題上，他是社會輿論的喉舌，經常要比其他報紙提倡的早得多。布萊克是父親的座上常客，格羅特先生常常說，他只要看到星期一早晨報上的文章，就知道星期日布萊克有否與我父親在一起。布萊克是父親傳播思想的最有影響的許多渠道之一，透過報紙，父親的談話和個人影響化作他的言論公諸於世；在報紙上傳播思想，加上著作的效果，使父親成為國內的一股力量，這股力量是一般平民單憑個人才智與品格是很難擁有的。而這股力量往往最充分地施展在人們看不到或想不到的地方。上文我已談到，李嘉圖、休謨和格羅特的成就中有一部分是出於我父親的推動與勸導。在許多公共事業上，不論是教育改革、法律改革或其它項目，他所做的大部分事情，與布魯厄姆相比較，可以說是極頂的天才。他的影響如涓涓細流，不勝枚舉，這種影響由於《威斯敏斯特評論》的創立而大大擴張。

與人們的揣測相反，我父親並未參預籌建《威斯敏斯特評論》的工作。多年前父親與邊沁先生經常談起需要辦一份激進派的機關報，以對付《愛丁堡評論》和《季刊》（當時正處於最有盛名和勢力的時期），當時根據他們的想法由父親出任主編，可是這個想法從未成真。一八二三年邊沁先生決定由他出資創建《評論》，邀請父親負責編務，父親由於在東印度公司任職，無法兼顧，故予謝絕。於是邊沁邀請倫敦市內一位商人鮑林先生（現為約翰爵士）擔任。鮑林先生在過去二、三年中是邊沁先生殷勤的常客，由於他許多良好品格，由於他對邊沁的熱烈崇拜和熱情贊同他的許多（雖非全部）主張，由於他與各國自由黨人有廣泛的接觸和通信，凡此種種，看來他是適合承擔向全世界各地傳播邊沁信譽和理論的重要人選，因此頗得邊沁好感。父親很少見到鮑林，但對他很瞭解，認定他完全不是想像中適合辦政治和哲學評論的人，他預見這個刊物的前途不佳，對它完全喪失信心，深信這個刊物不但要使邊沁折本賠錢，而且也許還要使激進派的宗旨受人懷疑。但是父親不能拋棄邊沁先生不顧，便同意為創刊號寫一篇文章。根據以前商定的、計劃中共同主張的意見，刊物中要有一定篇幅刊登評論別的評論刊物的文字，父親這篇文章就是對《愛丁堡評論》創刊起各期所作的綜合性批評。他在動筆之先，叫我把該刊所有各期通讀一遍，或者把每期的重要文章讀一遍（此種工作在一八二三年時不如現在艱鉅），把我認為他要考慮的文字（由於寫得好或寫得壞）都為他做好摘錄。父親這篇文章是《威斯敏斯特評論》第一次問世時造成轟動的主要原因，也是他所有文章中思想性和技巧性最引人注目的一篇，他首先分析期刊文字的傾向，指出刊物和書籍不一樣，它不能等待成功，必須一出世就得到成功，不然就永遠不會成功，因此它幾乎一定要信從並反覆灌輸公眾業已持有的見解，絕不可去糾正或改善那些見解。其次為了指出《愛丁堡評論》作為一個政治性機關刊物的態度的特點，他進而以激進派的觀點全面分析英國的憲法。他提請大家注意憲法徹頭徹尾的貴族特性：下院多數議員由幾百個家族產生；議會中較獨立的一部分人（各郡的議員）完全是大地主；這個範圍狹窄的寡頭統治為便於統治，允許不同階級分享一部分政權；最後他稱教會和法律界為寡頭統治的兩根支柱。他指出這樣組成的貴族體制自然傾向於把自己組成兩個政黨，由一黨執政，另一黨努力要取代前者，在輿論支持下，使自己據有支配地位，根本不會使貴族優勢受重大犧牲。他敘述貴族在野黨可能採取的方針和占有的政治地位，剖析它為了取得公眾的支持而附和大家歡迎的原則。他指出這一套正是輝格黨在做的，也是輝格黨的主要喉舌《愛丁堡評論》正在實行的。他用「蹺蹺板」這個名詞來形容該刊的特點：凡對統治階級的權力和利益有關的每一個問題，它們的不同文章時而這樣說，時而那樣說；有時在同一篇文章裏這一節這樣說，那一節那樣說，以上種種情況他以大量材料生動地加以證明。以前從來沒有人對輝格黨及其政策作過這樣嚴厲的抨擊，在這個國家裏也從來沒有人為激進主義的勝利而給予對手這樣沉重的打擊。我相信，除我父親外當時沒有人能寫出這樣的文章①。

此時，初創的《評論》已與另一份正在籌備的純文學期刊聯合，後者由亨利・薩瑟恩先生主編。他當時是職業文學家，後來進入外交界。兩位主編同意合作負責：鮑林擔任政治部門，薩瑟恩負責文學部門。《評論》的文學版打算交給朗曼公司印刷，這家印刷公司雖然在《愛丁堡評論》佔有股權，但樂於承擔這份新雜誌的印刷業務。但是當一切談判妥當，預告業已發出時，朗曼公司見到我父親抨擊《愛丁堡評論》的文章，便撤銷原議。於是父親在大家要求下利用他與他的出版商鮑德溫的關係，結果十分圓滿。就這樣，《評論》的創刊號終於一八二四年四月問世了，這是我父親和大多數後來支持這個刊物的人所預料不到的。

這期內容之好，對我們中間大多數人說，既高興又出乎意外。文章總的質量超過預期。文學與藝術部分主要依靠賓厄姆先生，他是一位律師（後來任檢察官），與邊沁先生有數年之交，和奧斯丁兄弟也是朋友，非常熱心地信奉邊沁先生的哲學理論。第一期刊物中他一個人就寫了五篇文章，這多少有點偶然，但篇篇都使我們十分滿意。我清楚地記得，當時我自己對《評論》懷有錯綜複雜的感情：想不到這個刊物能令人滿意地代表那些抱有刊物所公開宣稱的宗旨的人們，成為他們可信賴的喉舌，使我十分高興；由於它整體看來十分出色，因此我們對有損它完美的地方又特別著急。除了我們一般對它都有好感之外，當我們得知第一期銷路頗佳，得知這份與其它基礎牢固的黨派機關報有同等權利的激進派評論問世引起各界重視時，我們更毫無猶豫地願竭盡所能，希望把它辦得更好。

父親陸續偶而寫些文章，繼《愛丁堡評論》之後，《季度評論》也受到他的揭露。他的文章中，最重要的是第五期上抨擊索賽所寫《教會》一書的論文，和第十二期中一篇政治論文。奧斯丁先生只寫過一篇論文，但內容出色，著論反對長子繼承權，駁斥最近發表在《愛丁堡評論》上麥卡洛克的文章。格羅特也只寫過一篇論文，因為他正忙於寫《希臘史》，他寫的文章就是議論他自己在研究的題材，對米特福德進行徹底的揭露和批判。賓厄姆和查爾斯・奧斯丁繼續為雜誌寫了一段時間稿件；方布蘭克從第三期起經常投稿。我的知交埃利斯在第九期以前是它的經常撰稿人，大約當他離開時，另有一批人參加進來，其中有艾頓・圖克、格雷厄姆和羅巴克。我個人投的稿比誰都多，從第二期起到十八期止共投十三篇，內容有對歷史和政治經濟學書籍的評論，有對特殊政治主題如穀物法、狩獵條例和誹謗法的評論。有時父親和我的其他朋友的來稿很有價值，鮑林先生網羅的朋友也有精彩的來稿。可是總的來說，對《評論》的做法，在我所接觸的那些認同其宗旨的人們中，沒有一個人是滿意的。幾乎每一期出版都有一些地方使我們非常生氣，有的是觀點問題，有的是風格問題，也有純屬水平問題。父親、格羅特、奧斯丁兄弟等人對刊物所作的不滿評語，引起我們年輕人的附和。我們年輕人熱情，我們毫不遲疑地傾吐不滿，這使兩位主編的日子很不好過。現在回想起當時的情況，無疑我們常常有對的地方，同樣也常常有錯的地方。我確信，如果那時《評論》依照我們的意見辦理（我的意思是說按照一批年輕人的意見辦理），恐怕不會辦得更好，甚至也許比那時辦得更差。但是在邊沁主義歷史上一件值得注意的事實是：使邊沁主義大大著名的這份刊物，從一開始就使那些認為對所有問題的見解都代表邊沁主義的人極度不滿。

此時，《評論》在社會上已小有名氣，它為邊沁式激進主義在理論研究舞臺上取得公認的地位，其名氣和地位之大與其信奉人數之小不成比例，與當時可列入信奉者中的大部分人的個人成就和能力不成比例。大家知道此時正是自由主義迅速上升的時代，由於對法戰爭引起的恐懼情緒和敵愾精神已經消失，人民重新把注意力集中於國內政治，改革的潮流開始掀起。但在歐洲大陸上，舊王族恢復了對人民的壓迫，英國政府顯然支持稱為「神聖同盟」的鎮壓自由的陰謀，長期而消耗頗大的戰爭帶來國債和稅收的沈重負擔，使政府與國會頗失民望，激進主義在伯德茨和科貝茨的領導下取得的聲望和重要地位使政府惴惴不安。他們的恐懼並未因頒布了著名的六項法案得到暫時的緩和；而對卡羅琳王后的審判在人民中激起更大更深的仇恨，此種仇恨的表面跡象雖說隨著刺激原因消失而消失，但是到處出現一種以往從未有過的反對政府各種弊端的思潮。休謨先生堅持要嚴格審查政府開支，促使下院在討論每一條引起反對的預算項目時形成贊成與反對兩派，此種情況已經開始強有力地影響輿論，並強迫政府無可奈何地刪除許多較小的開支。倫敦商人要求自由貿易的請願（請願書由圖克先生在一八二〇年草擬，由亞歷山大・巴林先生遞呈）和李嘉圖在議會生活幾年中作出的傑出努力，使政治經濟學在國家事務中顯示出巨大的力量。李嘉圖緊接著就「條金爭論」所寫的文章，和繼他的文章之後發表的我父親和麥卡洛克的論文和評論（那幾年裏後者在《愛丁堡評論》發表文章極有價值），引起公眾對這個題目的注意，使政府內部至少有一部分人轉變了立場；赫斯基森在坎寧的支持下開始主張逐步取消保護貿易制度，他們的一位同僚於一八四六年實際上完成這個任務，雖然保護主義的最後殘餘到一八六〇年才由格拉德斯通先生徹底掃清。當時的內務大臣皮爾先生小心翼翼走上無人走過的邊沁主義法律改革的道路。在此時期，自由主義似乎要成為時代的呼聲，最高階層鼓吹改良制度，而最低階層喧嚷著要求完全改變議會章程，於是在論壇上經常出現一派新的作家，他們自稱是此種新潮流的立法家和理論家，因此引起人們的注意，這就不足為奇了。他們寫作的堅強信念，似乎沒有他人能與其相比。他們有正面抨擊現有兩個政黨的勇氣；他們毫不妥協地公開聲稱反對許多為人們普遍接受的思想，他們相信沒有誰比他們具有更大的反正統精神；我父親著作的力量和生氣，以及出現在他背後足以辦一份評論的支持者；最後《評論》有足夠的銷路和讀者；所有這些，使得所謂哲學和政治學中的邊沁學派在公眾心裏占有巨大地位，其份量之重是前所未有的，也是後來英國其他同樣認真的思想學派所難以保持的。由於我置身在這個學派的中樞，知道它的組成狀況，由於我是其中最活躍的少數人之一，所以可以毫不過份地說，我比大多數人更有條件談一談它的情況。

這個想像中的學派，事實上當時只是由一群年輕人所組成，他們被父親的著作和談話所吸引，圍繞在他周圍；這些人或多或少已經吸取、或正從我父親那裏吸取他明確的政治學和哲學思想。有人說邊沁身旁聚集一批門徒，他們親聆老師口傳學說，這純屬無稽之談，這點父親在《略論馬金托什》中說得很正確；凡是知道邊沁先生生活習慣和談話方式的人也知道，這種看法是荒謬的。邊沁的影響是透過他的著作發揮的。他透過著作過去對人類的現狀發揮作用，現在還在發揮作用，其廣度和深度無疑超過我父親。在歷史上他是個更加偉大人物。但是我父親的個人影響要比他大。人們從他的談話中尋找力量和教益，他確實主要以談話為手段來傳播他的學說。我從未見過有人能像他一樣，在通俗的談論中正確地表達其最完善的思想，他能完美地運用自己巨大的思想寶庫，他簡練暢達的語言和他發言時所流露的誠摯的神情和理智的力量，使他成為最驚人的雄辯家之一。他滿腹典故，時常開懷縱情大笑，當與他所喜歡的人在一起時，他是非常可愛和有趣的夥伴。可是，父親並非僅僅在宣傳他的信念時，也並非主要在這種時刻才顯示出他的力量，他的特質所帶來的影響力量更為巨大，這一點我在後來方才懂得，它是多麼難能可貴：他有崇高的公德心，有把全社會利益放在一切之上的心懷，他鼓勵他身邊的人們將心靈裏原有的同樣美德的幼芽在生活和行為中茁壯成長。他的讚許成為人們的願望，他的非難成為人們的羞恥；他的談話和他本人的到場使那些懷有同一目標的人得到精神上的支持；他以堅強的信念鼓勵他們中間萎靡和失望的人（在具體事例中總會遇到喪失樂觀的情況），而他的信念來自相信理智的力量，相信社會總的進步趨勢，和相信每個人只要作明智的努力，都能行善。

是父親的見解使當時邊沁主義即功利主義的宣傳具有顯著的特色。這些見解發源於父親，從他那裏分散地傳向四面八方，可是它們主要通過三個渠道不斷地源源流出。一個是通過我，我的思想是唯一在他教導下形成的，通過我的思想向各種年輕人發揮相當有力的影響，再通過這些人向別人進行宣傳。第二是通過劍橋大學幾個與查爾斯・奧斯丁年齡相仿的人們，他們在奧斯丁的帶領下，或者在他一般性的精神激勵下，信仰許多與父親所主張的相仿的學說，其中有些稍有名氣的人後來設法認識父親並成為父親的熟客。這些人中有斯特拉特，即後來的貝爾珀勛爵和現在的羅米利勛爵，後者的父親、著名的塞繆爾爵士是我父親老朋友。第三條渠道是劍橋大學生中年輕一代，他們較奧斯丁稍晚，與艾頓・圖克同輩，他們與值得尊重的圖克思想契合因而接近，由他介紹給我父親。他們中最著名的是查爾斯・布勒。其它還有許多人個別地接受父親的影響並傳播父親的思想，例如布萊克（上文已提到）和方布蘭克。但是在那批人中間，我們估量大多數只能算是部分的同盟者，譬如說方布蘭克在許多重要問題上就與我們有分歧。但是，實際上在我們中間對任何一部分見解都談不上完全一致，也不能說我們中間有任何人絕對服膺我父親的學說。譬如說，父親的〈論政府〉（*On Government*）一文，我們雖然幾乎都認為是政治學中的傑作，但是我們並不贊同文中的一個段落，在那一段中他提到可以不給婦女普選權，這與良好政治並不抵觸，因為她們的利益與男人的利益相同。對於這個理論，我與我的知己朋友斷然表示反對。應該為父親解釋一下，我父親否認他有意斷定婦女應該排除在普選之外，他主張婦女應該和四十歲以下男子一樣都沒有選舉權，就在文章的下一節裏他對男子也提出完全相同的見解。他實際所說的不是討論普選權應否限制問題，而只是討論（假定應予限制的話）什麼是限制的極限，有了它才肯定不會危及良好政治的安全。但是我在當時和此後經常想到，他所承認的見解與他所否認的見解同樣是極大的錯誤。所謂婦女的利益包含在男子的利益裏，就等於說臣民的利益包含在國王的利益裏一樣，而把普選權給予每一個人的理由要求不應該把婦女排除在外。這種觀點是我們年輕的離經叛道者共同持有的，邊沁先生在這個重要問題上完全站在我們一邊，這令人高興。

雖然我們中間也許沒有一個人完全贊成我父親的每一個主張，但是正如我上面說過，在我們這批後來稱為「哲學激進主義」第一批宣傳者所組成的小小的團體裏，他的理論是主要的標幟和特徵。這個團體中人們的思想方法，在任何意義上說都無邊沁主義的特色（即以邊沁為首領或指導者），而是邊沁的觀點和現代政治經濟學觀點加上哈特利形而上學的混合物。馬爾薩斯人口論和屬於邊沁的任何理論一樣，也是這個團體的旗幟和團結我們這些成員的一個宗旨。這個偉大的理論原是為反對人類社會有無限改良前途這種說法而提出來的，我們以極大熱情把這個理論從相反方向來理解，即指出要實現改良的唯一辦法，只有透過自願限制人口的增加來保證全體勞動者的高工資充份就業。關於我們和我父親相同信念的其它主要特點現敘述如下：

在政治上，幾乎完全信任兩件事的功效：議會政治和議論的完全自由。父親絕對相信只要能讓理性的光輝照亮人類的心扉，它對人類心靈會有巨大的影響。他認為，如果能教所有的人讀書，能夠把各種理論用語言或文字向他們傳播，能給他們普選權，使他們選出立法機關，實行他們所持的見解，似乎什麼問題都解決了，什麼目的都能達到。他認為只要立法機關不再代表一個階級的利益，它就會誠懇地和十分聰明地為整體利益工作；因為人民有了由教育產生的理解能力的指導，便足以選出代表他們的人選，選出之後，一切就可聽任代表自由酌情處理。因此在他看來，貴族統治，即任何形式的寡頭政治，是唯一阻止人類選出最聰明的人管理他們事務的障礙，也是他嚴加譴責的目標。而他主要的政治信念「民主普選權」的出發點，並非以自由、人權或在此之前為保衛民主而提出的種種警句口號為基礎，而是把它作為「保障良好政治」的主要因素。在這個問題上他同樣只緊緊抓住他認為主要的因素：只要政治良好，君主政體還是共和政體關係不大。他的態度要比邊沁隨和得多，在邊沁看來，國王是「腐化的總頭子」，必然十分有害。除貴族統治外他反對英國國教或教士組織，認為他們在地位上是使宗教墮落的敗類，反對人類思想進步的絆腳石，也是他極頂憎惡的目標。可是他並非討厭行為正直的教士個人，他有幾個忠實的教士朋友。在倫理學方面，在他認為與人類的幸福有重大關係的所有事情上，他的道德感情是堅決而嚴厲的，而對尋常的道德教條他完全不認為有關宏旨（雖然並不表現在個人行為上），因為他認為此類教條只是出於禁欲主義和教士權術，沒有什麼根據。例如在男女關係上他希望有較大的自由，雖然他並不試圖嚴格規定這種自由的確切條件。他的這個意見並不涉及理論方面或實際方面的情欲問題。相反，他預言自由增加後所產生的有益後果之一，將使人們的想像力不再放在肉體關係和相關的事物上，不再把這些擴大為生活的一個重要目標；他把想像力和感情的墮落視為人類心靈最根深蒂固和最普遍的邪惡。在心理學方面，他的基本理論是各種環境透過普遍的「聯想原理」形成人的品性，相信透過教育有改進人類道德和知識水準的無限可能性。在他所有理論中，這一條理論最最重要，必須努力堅持。不幸的是，就是這一條與當時和後來盛行的思潮矛盾最大。

凡此種種理論是我所在這個年輕人小團體以幼稚奔放的熱情緊緊抓住的，此外還加上宗派意識，後一點至少從意向上說與父親毫無關係。由於我們（應該說是人們想像中的我們）有時被人們可笑地誇張為「學派」，使我們中有些人在一個時間裏確實希望和追求這個「目標」。我們要模仿十八世紀法國「哲學派」的榜樣，希望獲得不低於他們的成就。尤其是我，可算這個團體中最有這種孩子氣野心的一個；關於此事如果不怕浪費篇幅與時間的話，倒有許多詳情可談。

但是我所談到一切只是這個團體的外表，或者說僅僅是理論性部分，而且還只是這個部分的一個面向。至於要透視到內部，看一看我們是怎樣的一種人，我必須先說清楚，所談的僅限於我本人，只有對我自己我才原原本本說得清楚；同時我相信，我所描述的情況，如果不作大量修改，是不適用於我的任何夥伴的。

我想，別人經常把邊沁主義者描述為僅僅是推理的機器，這種說法雖然對大多數具有這個稱號的人極不適用，但對我生涯中某兩三年的情形來說並非完全不適合。這個比喻對剛入社會、對想望的共同目標至少很覺新奇的青年人是適用的，因此對我也許是適用的。關於這一點也沒有什麼奇怪的地方：不能期望一個與我當時年齡相仿的年輕人成為像我這樣的人。我滿懷著出人頭地的抱負和願望，我最強烈的感情就是熱情為人類謀福利，當然還夾雜其他種種思想情緒。但是在我生活的那個階段，我的熱情主要還集中在理論性見解上，還談不上出於真正的仁慈或對人類的同情，雖然這些品德已在我的道德準則上占有一定地位。我的熱情也與嚮往崇高理想的高度熱忱不一樣。雖然我非常容易受這種感情的感染，但在當時感情的自然滋養料——詩歌的熏陶——中斷，而接受的是與感情相反的鍛煉——邏輯與分析。此外，上文已提到，我父親的教導常常貶低感情的價值。這一點並非指他本人鐵石心腸或麻木不仁，我相信他具有恰恰相反的秉性。

他認為感情不需要關心，只要正確關心行為，肯定會有足夠的感情。他看到人們在倫理學和哲學爭論中，把感情作為行為的最終理由和證明，不顧感情本身也需要證明；看到當行為的後果有害於人類幸福時，實際上也用感情為之辯護；看到一個人性格上富有感情，就認為他美德畢具（在父親看來只有行為才能表示美德）。這些事跡屢次引起他的憤慨。在評價人物或論述事物時，他最不耐煩稱頌感情，提到它時也只是寥寥數語。除了他的這種特性施加給我和其它人的影響外，我們發覺，我們認為所有最重要的見解總是因感情緣故受到人們抨擊。功利思想被譴責為冷酷的計算，政治經濟學被說成是無情的東西，控制人口的理論被認為違反人類的自然感情。我們拿「濫情」這個詞來反駁，它連同「高談」和「空洞」成為我們指責他們的常用術語。雖然與反對我們的那些人比較起來，我們通常是對的，但爭論的後果促使我們不珍重感情的熏陶（除公私責任感外），感情在我們大多數人思想中，尤其是我的思想中，無足輕重。我們主要想的是改變人們的思想，要他們相信事實證據，懂得什麼是他們的真正利益，一旦他們懂得真正利益所在，我們認為，他們必定會透過交流思想的工具，尊重彼此的利益。當我們徹底認識到無私的仁慈和熱愛正義的最高美德時，我們不再期望透過對這些情感的任何直接行動來使人類獲得新生，而寄希望於受過教育的才智之士的作用，來改變自私的感情。雖然後一點是受更崇高的行動原則所驅使的那些人手中非常重要的改良手段，但是我不相信當日邊沁派或功利派中任何人，到今天還依賴它作為改進人類行為的方法。

由於從理論上和在實踐中忽視陶冶感情，結果自然是低估詩歌，以及人類天性中一個要素，也就是想像力。在人們心目中，對邊沁主義者有一種看法，就是他們是詩歌的敵人。這種看法對邊沁本人來說不能說完全不對，他過去常說：「所有的詩歌都是曲解」，而且他說這句話時的含義還泛指所有感動人的語句，甚至包括所有在性質上多於算術答數的修辭描寫和說教。第一期《威斯敏斯特評論》上的一篇賓厄姆文章在解釋他為什麼不喜歡摩爾時說，「摩爾先生是一位詩人，所以他不是一位推理家」，這篇文章進一步使人們認定《評論》的作者們憎恨詩歌。但是事實上我們中大多數人大量閱讀詩歌，賓厄姆本人也曾寫過詩，至於我（我父親也差不多），正確地說我並不討厭詩歌，而是從理論上對它不感興趣。我討厭詩歌中任何感傷情緒，也不喜歡散文裏的感傷情緒，只是這種情緒在詩歌裏特別多。我全然不懂得作為指導感情的手段，詩歌在人類文化中所處的地位。但是我個人卻很容易受某些詩歌的感動。在我對邊沁主義最具有宗派情緒的時間裏，偶然讀到蒲伯的《論人》（*On Man*），雖然其中見解幾乎全與我的信仰相反，但是我清楚地記得它對我的想像力起了多麼大的影響；也許那時換一篇比用韻文寫成的雄辯議論更高級的詩章也不會對我起同樣的作用。無論如何我難得有機會讀到此種詩章。但是以上僅僅是被動的情況。還遠在我的智力基礎有較大擴展以前，在我思想發展的自然道路上，我已經透過虔誠讚美英雄人物，特別是哲學上英雄的生活和性格，得到最有價值的詩的熏陶。許多為人類造福的先驅者從普魯塔克的《希臘羅馬名人列傳》（*Parallel Lives of Greeks and Romans*）中接受的、並為後代以文字方式留下的令人激動的影響，同由柏拉圖筆下的蘇格拉底和某幾種現代傳記，尤其是孔多塞所著《杜爾閣傳》（*Life of Turgot*）給我的影響其性質毫無二致。後一本書經作者努力刻劃，能喚起最高尚的熱情，因為其內容是一個最聰明最高尚的人所敘述的一個最聰明最高尚的人的生活。我所認同的這些思想界的光榮代表人物的英雄美德深深地感動了我。當我需要提高我的感情與思想境界時，我一直求助於他們，猶如別人求助於心愛的詩人。順便我還要說明一下這本書醫治了我的宗派主義的愚蠢。書中開首有這樣一句話：「他認為各種宗派都是有害的。」書中說明為什麼杜爾閣一直與百科全書派人士保持完全獨立的原因，這些深深印在我的心中。我不再稱自己和我的朋友為功利主義者，在用代名詞「我們」或其它集合稱呼時，我不再標榜宗派主義。至於我思想深處的宗派主義，要到後來才非常緩慢地擺脫乾淨。

大約是在一八二四年底，或一八二五年初，邊沁先生從杜蒙那裡收回他《論證據》（*On Evidence*）的論文稿（杜蒙根據此稿所寫的《司法證據論》〔*Traité des Preuves Judiciaires*〕此時已完成和出版），決定用原稿出版。他想到我有能力擔任書稿的整理和出版工作，猶如最近賓厄姆為他編輯《論謬誤》（*Fallacies*）一書時的方式一樣。我愉快地承擔這項任務，這個工作幾乎花了我一年的業餘時間，還不包括以後照顧五大卷書的付印工作的時間。邊沁先生先後三次寫此書，中間都隔開一段日子，每次寫的體裁都不相同，每次寫時又不參閱以前所寫的文稿。三次中有兩次把主題從開頭寫到結尾。面對這三大包手稿，我的工作要把它們壓縮成一篇論著。我以最後寫的一份原稿為基礎，把此中未提到的部分儘量用其它兩份的內容補充進去。我還必須把其中複雜性超過讀者理解的隱晦語句和插入文句改寫成暢通易懂的句子。邊沁先生還特別希望我，根據我的能力，努力把書中遺漏的地方加以補充。應他的要求，我為此閱讀了關於英國證據法最有權威的論文，對英國法規中不合理部分加以評論，這是邊沁先生未曾注意到的。我還針對杜蒙著作的讀者對書中邊沁先生的理論提出反對的意見進行答辯；對書中比較抽象部分如「未必性」和「不可能性」的理論增加一些補充說明。這些由編者增添的容易引起爭議的文字，我使用較自負的語調，使之不像出自一個像我這樣年輕無經驗人的手筆。我在做這件工作中絕無個人揚名的念頭，作為邊沁著作的無名編者，我處處使用作者的口吻說話，沒有想到這樣做對他和對書的主題是否不合適，但是對我倒可能是不合適的。在邊沁先生積極主張下，我力辭無效，此書出版時把我的名字作為編者印在上面。

我編輯此書對我自己的進步有極大好處。這本《司法證據的基礎理論》（*Rationale of Judicial Evidence*）是邊沁所有著作中內容最豐富的一部。證據的理論原是他最重要的主題之一，這個主題又旁涉到許多其它論點，此書包含他大部分非常成熟的思想。在諸多優點之外，它還對英國法律中的弊端和缺陷作了最詳盡的揭露，因為弊端以後還存在，所以在他後來所寫的許多著作中都可以發現他無情的揭露。此書除論證據法外，還插入許多說明性的事件，闡明英國議會的全部程序和做法。所以，我編輯此書得到的直接知識，深深印在我的腦海裏，比一般性閱讀要徹底得多，真是不小的收穫。這件工作還給我想像不到的好處，它使我寫作能力大大提高。自從我作了編輯工作後，所寫的東西比以前要高明得多。大家知道邊沁晚期的文風有點纍贅和艱深，由於過分要求文字優美，也由於他喜歡造句遣字的精確，這樣就使他在句子中出現一個短語套另一個短語的現象，讀者在領會文章主旨同時，不得不同時接納全部修飾語詞和限定語詞。他的這種習氣越來越嚴重，到後來他的文字對於不習慣讀他文章的人都覺得非常吃力。可是他早期文風，如在《政府雜論》（*The Fragment on Government*）和《司法機構計劃》（*Plan of a Judical Establishment*）等等論文中，稱得上是行文活潑流暢的楷模，加上取材豐富，幾乎沒有人能夠超過他。此種早期文風在《證據論》的手稿中也有許多鮮明的例子，我盡力將這些段落保存下來。抄寫此種長篇優美的手稿，對我的寫作能力影響很大；同時我又勤奮地讀了其它英法作家如戈德史密斯、菲爾丁、帕斯卡爾、伏爾泰和庫里埃的作品，他們高度自然又剛勁有力的文體進一步提高我的寫作能力。透過此種教益我的文筆才不再像先前那樣枯燥乏味，文章主旨的骨架才開始附有血肉，風格才顯得活潑輕快。

我的進步首先表現在一個新的領域裏。利茲的馬歇爾先生是現在一代馬歇爾諸君的父親，當格蘭龐德喪失的代表權由約克郡接受時，他是約克郡選出的議員。他是一位熱心的議會改革家，家境富有，用錢慷慨。他非常欽佩邊沁先生《論謬誤》一書，他想每年把議會辯論彙編成書，內容不像議會記事錄那樣按年月日先後排列，而依照主題分門別類編纂，同時加以評論，指出發言人的謬誤所在。他有了這個主意，自然就想到《論謬誤》這本書的編者，於是賓厄姆在查爾斯．奧斯丁協助下，擔任編務。這個刊物叫作《議會史實與評論》（*Parliamentry History and Review*），刊物銷路不大，經濟上不能自給，只存在三年，但是它引起議會和政界人士的注意。我們這批人以主要力量用到辦這個新刊物上，該刊的發行給予編撰人員的信譽遠比《威斯敏斯特評論》為多。賓厄姆和查爾斯．奧斯丁寫了許多文章，斯特拉特、羅米利和其它幾位自由黨的律師也寫了不少篇。我父親以最佳的體裁寫了一篇，查爾斯．奧斯丁的哥哥也寫了一篇。庫爾森的一篇文章極為優秀。至於我自己的一篇文字登在第一期上，作為這一期的卷首文章，內容是評論一八二五年議會會議的主要議題，題目叫《天主教聯盟和天主教的無能》。在第二期上我寫了一篇精心構思的論文《論一八二五年的商業危機和貨幣爭論》。在第三期上我寫了兩篇文章，一篇主題比較一般，另一篇論商業中的相互關係原則，內容針對當時坎寧與加勒廷的著名的外交通信。這些文章不再僅僅是別人教我的理論的重述和應用，而是首創的思想（如果能把舊有思想加上新的形式和新的延伸，就能稱首創思想的話）。我不誇張地說，這些文章已經成熟，融會貫通，是我以往寫作從未有過的。所以發表出來一點沒有幼稚的地方。但文章的主題不是業已過時，便是別人早已更完善地議論過，因此它們只是步人後塵，勢將與前階段在《威斯敏斯特評論》發表的稿件一般，同歸湮沒。

在這樣為刊物寫作同時，我沒有忽視其它的自學方法。就在這個時候我學習德文，開始時使用漢密爾頓法，為此與幾個同伴組織一個讀書會。幾年下來我們集體學習所採取的形式對我思想進步有很大幫助。我們的辦法是透過閱讀和討論，集體研究幾門我們希望掌握的學科。我們集合十幾個人，格羅特先生把在針線街住宅裏的一個房間借給我們作學習之用；他的合夥人、功利學會最早三個會員之一普雷斯科特也參加我們這個組織。我們每周集會兩個上午，從八點半到十點，在這個時間裏大部分人停止日常工作。第一個學科是政治經濟學。選擇幾篇成系統的論文作為課本，首先挑選的是我父親的《政治經濟學要義》。由一個人朗讀一章或者幾小節，然後開始討論，任何人對論文有不同意見或有話要說，可以隨時提出。我們規定要徹底討論提出來的每一個問題，不問鉅細，要延長討論到每個出席的人對各自作出的結論完全滿意為止。書中或討論中附帶提到的每一個思考問題，也必須完全弄懂，絕不馬虎，直到把發現的每個難題完全解決時方才罷休。在某幾個問題上我們反覆討論幾個星期，甚至在開會以外的時間也緊張思考，並盡力解決上次討論會上新出現的難題。用這種方式學完父親的《政治經濟學要義》以後，繼續用同樣方式學完李嘉圖的《政治經濟學原理》（*Principles of Political Economy*）和貝利的《價值論》（*Dissertation on Value*）。此種細緻而生動的討論不但使參加者大有進步，而且還在抽象的政治經濟學幾個主題上探討出新的見解。我後來出版的《國際價值》（*International Values*）中的理論便是從這些討論中吸取的；我在《論利潤與利息》（*Essay on Profits and Interest*）中修正李嘉圖的利潤理論中提出的理論，也是得益於這些討論。在我們這批人中首創新思想的有埃利斯、格雷厄姆和我，其它人也都為討論會作出貢獻，尤其是普雷斯科特和羅巴克，前者學識淵博，後者敏銳觀察問題辯證。《國際價值》和《論利潤與利息》兩文的理論是我和格雷厄姆共同思考的結晶，兩人的貢獻幾乎相等，如果我們能按原來的計劃執行的話，那麼我後來的《論政治經濟學中幾個未解決的問題》（*Essays on Some Unsettled Questions of Political Economy*）一書本可以連同他的幾篇論文，由兩人名義共同發表。但是當我動筆時，我發覺我以前高估了我們二人見解的共同點，他完全不同意我兩篇論文中最獨創性的見解，也就是《國際價值》裏的見解，以致我不得不承認這些見解完全是我一個人的，於是許多年後此書出版時只得用我一個人的名義。我還要提一提，父親在修訂第三版《政治經濟學要義》時，有幾處改正就是根據討論會中提出的批評意見，特別是他修正的兩點理論就是我提出的（雖然還沒有達到我們的新理論的程度）。

學完政治經濟學以後，我們以同樣方式開始討論三段論邏輯學。此時格羅特參加我們的討論會。第一本課本是奧爾德里奇的著作，但我們厭其膚淺，就從我父親所收藏的許多經院派邏輯學手稿中揀出一份最完善的進行翻印，那就是耶穌會教士杜・特里烏的《邏輯學入門》（*Manuductio ad Logicam*）。這本書學完，我們學當時京都百科全書出版社第一次重印的惠特利的《邏輯學》（*Logic*），最後我們學習霍布斯的《計算法和邏輯學》（*Computatio sive Logica*）。我們用上述的方式學完這些書，大家懂得了範圍廣泛而新穎的形而上學理論知識；我的《邏輯學體系》（*System of Logic*）第一冊的大部分內容，書中指正經院派邏輯學家理論的原則和特點，以及對命題的重要性理論的完善，都是從這些討論中得到啟發的。格雷厄姆和我提出大部分新的見解，而格羅特和其它人作出最出色的判斷或檢查。從這時起，我就計劃寫一本邏輯學的書，雖然計劃的規模比最後實行的要小得多。

學完邏輯學後，開始學分析心理學。我們挑選哈特利的著作為課本。因為要人手一冊，我們走遍整個倫敦書舖，造成普里斯特利版的價錢驟然上漲。這冊書討論完畢，我們的討論會暫停；但不久父親的《心理分析》出版，我們為學習此書重新集合，到這本書討論結束，我們的學習也告終了。我一直這樣想，我成為一個有創見的獨立的思想家是從這些討論會時候真正開始的；討論會使我養成（或大大加強）一種心理習慣，有了此種習慣，才使我能有已經做到的和日後要做的思維工作的成就，才使我絕不把解決一半的難題當作完全解決來看待；使我絕不放棄難題，一定要反覆加以研究，直到完全清楚為止；使我對問題中任何含糊的地方絕不因為它無足輕重就任其存在；使我在尚未理解整個問題之前絕不自認完全懂得問題的任何部分。

一八二五年到一八三〇年間我們所做的公開演講，在我那幾年生活裏占有相當重要的地位，由於它們對我的進步關係重大，有必要談一談其中一些情況。

有一個叫合作協會的歐文主義者組織已存在一段時間，他們在大法官法庭巷每周集會一次，舉行公開辯論。一八二五年上半年羅巴克偶而認識了它的幾個會員，由此出席了一、二次會議，並參加反對歐文主義的辯論。我們中間有人提議我們集體去參加，來一次大辯論；查爾斯・奧斯丁和他幾個不常參加我們集體活動的朋友也加入這個計劃。這個計劃得到合作協會重要會員的同意，他們不會不願意，因為他們自然想與會外對手激烈爭辯，而不只於會員之間溫和的辯論。辯論的題目為人口問題。查爾斯・奧斯丁作為我方的第一個發言人，發表一篇絕好的演講。論戰每星期一次，進行五六個星期，每次聽眾都十分擁擠，聽眾中除該會會員和他們的友人外，還有從四個法律協會來的許多旁聽者和幾個發言者。這個辯論題結束後，立刻開始另一個辯論題，即辯論歐文理論體系的一般優點。這次辯論持續進行了大約三個月。雖然這是歐文派與政治經濟學派的大搏鬥，後者被歐文派看作最頑強的對手，但它完全是友好的爭辯。我們作為政治經濟學派的代表也懷有和對方同樣的目的，並力求將它們表達出來。對方的主將是一位值得尊敬的人士，與我很熟，即科克城的威廉・湯普森，《論財產分配》（*Distribution of Wealth*）一書的作者，也是代表女界發表《呼籲書》反對我父親《論政府》中有關婦女那段話的作者。埃利斯、羅巴克和我在辯論中相當活躍，而在四個法律協會來參加這次辯論的那些人中間，我記得有查爾斯・維利爾斯。在辯論人口問題時對方也從會外得到有效支持，當時已經上了年紀的有名的蓋爾・瓊斯發表了一篇辭藻華麗的演說。與他同時發表演說的瑟沃爾的口才最令我吃驚，雖然他所說的話我幾乎一句也不同意。他是歷史學家，當時是大法官法庭律師（後來是聖大衛教堂的主教），只以其在劍橋聯合會練成的雄辯享有盛名，在劍橋他是奧斯丁和麥考利的前輩。他的演講是針對我的演講的答覆。沒有等到他說上十句話，我便認定他是我聽過的最出色的演說家，此後也不曾聽到比他更好的演說。

對這些辯論的巨大興趣，使參加辯論會的一些人很樂意接受政治經濟學家麥卡洛克提出的建議，即倫敦需要組織一個像愛丁堡思辯學會那樣的機構，布魯厄姆、霍納等人首先是在那裏得到公開演講的鍛煉。合作協會的經驗使我們樂觀地相信我們可以在倫敦集合起來實現這個目標。麥卡洛克把這個計劃向個別向他學習政治經濟學的一些有影響年輕人提起，其中有幾個人熱烈贊同，特別是後來成為克拉倫頓伯爵的喬治・維利爾斯。他和他的兩個兄弟海德與查爾斯・羅米利、查爾斯・奧斯丁和我以及另外幾個人開會通過一個計劃。我們決定每年十一月到下年六月每兩週在共濟會旅館集會一次。很快就有許多人參加這個組織，包括幾位議會議員和幾乎所有劍橋聯合會和牛津聯合辯論學會最著名的演說家。當時出現一種奇怪但又明顯的趨勢，就是我們為學會招收會員中很難招到大量的保守黨演說家。我們能竭力羅致的幾乎全是各種不同地位和階層的自由黨員。參加者除以上已提到者外，還有麥考利、瑟沃爾、普雷德、霍威克勛爵、塞繆爾・威爾伯福斯（後來的牛津主教）、查爾斯・波利特・湯姆森（後來的西德納姆勛爵）、愛德華和亨利・利頓・布爾沃、方布蘭克以及後來在政界或文學界有些成就的人士，只是現在我回想不起他們的名字。這樣，看起來前途非常光明。但是當學會成立日子接近時，必需推舉一位會長和選定幾個人在第一次辯論會上發言，可是我們這批人中的著名人士卻沒有一個願意當會長和發言的。在許多被推舉人中間，說得通的只有一位和我不大熟識的人，他在牛津有很高信譽，據說在那裏是有名的演說家（不久成為保守黨議員），因此大家推他既當會長還要作第一次演講。重要的一天來到了，會場座無虛席，所有著名的演說家全都出席，他們不是來幫助我們，而是來看看我們事情辦得怎麼樣。這位牛津演說家的講話結果一團糟，使整個會場黯然失色，繼他致辭的沒有幾個人，大家也都敷衍了事，演講會完全失敗，我們所指望的著名演說家一走了之，永遠不再回來，這件事至少在世事上給我一個教訓。這次意想不到的失敗改變我與這個計劃的關係，我本來不想在學會裏擔任重要角色，也不希望經常登臺演講，尤其在開始時是這樣，但是此時我懂得，這個計劃要成功得依靠新人，於是我主動挑起擔子。我主持第二個問題的討論，從那次演講會起幾乎每次辯論會我都發表講話。在一段時間裏工作很艱難，除了我和羅巴克外，學會所有創辦人的耐心最後都已耗竭，只有維利爾斯三兄弟和羅米利還幫忙一起撐了一陣子。到下一個（一八二六—一八二七）集會季節，情況開始好轉，有兩位保守黨傑出的演說家——海沃德和希（後來的皇家法院高級律師）——參加我們團體；激進派人士參加的有查爾斯・布勒、科伯恩以及其他幾個劍橋邊沁派第二代的人士。在這些人以及另外幾個人的偶爾協助下，以兩位保守黨人、羅巴克和我作為固定宣講人，使每次辯論成為「哲學激進派人」和保守黨律師之間的熱烈舌戰。後來這種爭論傳揚開去，幾個名人也來聽我們的辯論。在以後兩個集會季節（一八二八和一八二九），這種情況越來越多，當時科爾里奇派的莫里斯與斯特林以第二自由黨甚至激進黨人的身份參加我們的學會，他們的立場和邊沁主義完全不同，而且強烈反對邊沁主義；他們把由反對十八世紀哲學而出現的歐洲思想的一般理論和思維方法帶進辯論會，使我們的辯論增加一個非常重要的參加舌戰的第三派，參加辯論的現在都是最有教養新的一代中思想運動的傑出代表。我們的辯論與一般辯論會大不相同，因為我們辯論的每一方經常能提出最有力的論據和最有哲學意義的原理，用它們嚴密而細緻地互相駁斥。這種活動對我們當然大有益處，對我的益處尤為突出。確實，我從未具備真正的口才，演說起來口齒遲鈍姿態不雅。但是我能夠使別人傾聽我的演講。當我要發表言論時我經常根據內心感情和腦中發展的想法寫下演講稿，這種習慣大大地加強實際寫作能力；同時不但讓我能分辨抑揚頓挫，而且能判斷生動的語句以及根據這些語句對各種聽眾的效果，測出這些語句力量的大小。

為學會工作加上為上午集會辯論所作的準備，占去我大部分業餘時間，當一八二八年春天我終止為《威斯敏斯特評論》寫稿時，學會成為我內心的安慰。這份刊物經濟上陷入困難。雖然它第一期銷售量不低，但是，我相信後來銷路長期不佳，收入不足以支付維持它所需要的費用。開支雖經大幅度壓縮，但還是超過收入。一位編輯薩瑟恩已經辭職，幾個撰稿人（包括我父親和我）過去投稿像別的作者一般領取稿費，後來不再支稿酬。然而原有的基金還是接近或者完全告罄，如果要繼續把《評論》辦下去，勢必要做一些新的安排。父親和我曾和鮑林就此事商談數次。我們願意為維持《評論》作出最大努力，但鮑林不能繼續主持筆政。當時這個刊物不可能再雇用一位支薪的編輯，我們就以此為理由使他在不失面子的情況下提出辭呈。我們和幾個朋友準備作為不受報酬的撰稿人繼續把刊物辦下去，設法在我們這批人中間找一個不支薪的編輯，或者由大家分擔編務。但是正當我們在鮑林明顯的默許下對此進行協商的時候，他卻在別的地方另作磋商（與佩羅內特・湯普森）。我們接到鮑林來信，他以主編名義第一次通知我們，說他已為刊物作好安排，並建議我們為下一期刊物寫稿，言明付給稿費。我們並不認為鮑林無權作出比我們提出的辦法對他個人更有利的安排（只要他做得到），但是對他表面上似乎同意我們的方案，一方面又瞞著我們秘密活動，這是對我們的侮辱。即使我們不這樣想，我們也不願再耗費時間和心力為他所主編的《評論》寫稿。因此父親找藉口不再寫稿，雖然二、三年後因無可推託他又寫了一篇政治性論文。至於我，表示正面拒絕，就這樣我和原來的《威斯敏斯特評論》斷絕了關係。我在該刊寫的最後一篇論文，比先前所寫任何一篇文字所使力氣更多，但是這是我樂意使的力氣，因為此文為早期法蘭西革命者辯護，反對保守黨人在沃爾特・司各特爵士的《拿破崙傳》的序言中，對作者的肆意歪曲。為寫此文我所讀書本的冊數、所作筆記和摘錄——甚至必須購買書籍的冊數（那時還沒有可把參考書借回家去的公共圖書館或收費圖書館）遠遠超過為寫此文的需要，因為我在那時已有不成熟的打算，要寫一部法蘭西革命史；雖然我始終未曾寫它。但我收集的材料以後對卡萊爾寫這部歷史大有幫助。

注釋

①這篇文章的續篇刊登在《評論》第二期上，在父親指點下由我執筆，此文沒有什麼價值（但作為練筆作文來說，此文給我的好處勝過以往寫任何文章）。

第五章　1826年——1832年

我精神發展中的危機
前進的一個階段

此後幾年裏我很少寫作，不再固定向刊物投稿。從這種寫作的間斷中我得到很大好處。在此期間我能對自己的內心世界做一番清理和培育自己的思想，而不要求將它們發表出去，這一點對我具有非同尋常的意義。如果我繼續寫作，我思想和性格在那幾年中發生的重大轉變勢必大受阻撓。要說清楚此種轉變的根源或至少說清楚我為這個轉變所作的準備過程，必須從幾年前講起。

自從一八二一年冬天我第一次讀到邊沁的著作起，尤其是從《威斯敏斯特評論》創刊開始，我對生活可以說有了真正目標，就是做一個世界的改造者。我把這個目標看作個人幸福的所在。我所希望得到的個人同情也就是為此目標共同奮鬥者的同情。我竭力享受生活道路上所能得到的同情。但是我把這個目標看做個人永久滿足的源泉，因而把全部希望寄託在這一點上。我一直慶幸自己確實無疑地享受著幸福生活，我把幸福放在長期和遙遠的事物上，在追求這種事物上總是時時有進步，而這種事物又絕不會完全得到，因而我的幸福也不會消失。這種想法在好幾年中鼓勵著我，在這幾年裏世界上發生的一般性改良，以及想到我和他人為改良世界所進行的爭戰，使現實似乎充滿了樂趣和生氣。但是到一八二六年秋天，那樣的時刻終於來到，我猶如從夢中醒來。我處於神經麻木狀態，有如人人偶爾會碰到的那種情況，對娛樂和快樂的刺激不感興趣。我的內心覺得，往日快樂的事情現在變為枯燥乏味或與我漠不相關；我想到，只有改信衛理公會的人被第一次「深信有罪」所折磨時，才經常產生和我現在一般的心境。在此種心情下我不禁自問：「假如生活中的所有目標完全實現，假如你所想望的全部制度和思想的改變就在這個時候完全實現，你會覺得非常快樂和幸福嗎？」一種不可遏制的自我意識明確地回答：「不！」至此，我的心下沈，我生活所寄託的整個基礎崩潰。我全部幸福原是對這個目標的不斷追求，現在這個目標已失去吸引人的力量，追求目標的手段還有什麼意義可言呢？生活對我似乎是一片空虛。

起初，我希望烏雲會自行消散，可是它並不如此。一夜安眠是驅散人生較小煩惱的靈丹妙藥，但對它毫無效力，醒來之後重新意識到令人悲哀的現實。我與人相處時它跟著我，不論做什麼事情時它跟著我，幾乎任何東西都沒有力量使我把它忘卻，即使短短幾分鐘都不可能。有幾個月時間烏雲似乎越積越厚。科爾里奇《沮喪》裏的幾行詩句——那時我還未讀過它——確切地描寫出我的心緒：

一種沒有劇疼的悲哀、空虛、幽暗和陰鬱，
一種寂寥、沈悶和冷漠的悲戚，
在語言、嘆息或眼淚裏，
找不到自然的發洩或慰藉。

我向昔日愛讀的書尋求安慰，那些記載歷史上高貴和偉大人物的史書，過去我一直從那裏吸取力量和生氣，現在解決不了我的苦悶。現在我讀這些書毫無感覺，或者雖有習慣性的感覺，但引不起興趣。我相信我對人類的愛和對美德的愛，業已消磨殆盡。我把我的感受向人傾訴也得不到寬慰。倘若世上有一個人，我愛他程度之深，達到非把我的悲哀向他傾訴不可的程度。那麼我也許不會再處於這種境地。我還感覺到，我的悲哀不是一種有意義的或值得尊敬的感情，絲毫不值得別人同情。如果我知道何處可尋求忠告，這種忠告將是極為珍貴的。麥考白①對醫生說的一番話常常浮現在我的心頭。但是我沒有一絲希望從別人取得這種幫助。在任何具體困難中，父親自然是我求助的對象，但在這種情況下，我絕不願求他幫助。我絕對相信，他不能理解我所遭受的這種精神痛苦，即使能夠理解的話，他也不是使我擺脫痛苦的醫生。我所受的教育都是他給的，這種教育方法絕不可能導致這樣的後果，我認為沒有必要使他想到他教育的失敗，也許是無可挽救的失敗，而且無論如何是他的力量所挽救不了的失敗，因而增加他的痛苦。至於我的朋友，此時無論是誰，我都不抱希望，認為他們不會理解我的處境，只有我自己完全理解。我越是考慮這個問題，看來越是沒有希望。

我的學習過程使我相信：所有精神的和道德的感情和性質，不管是好是壞，都是與外界聯想的結果。我們愛一種事物，恨另一種事物，我們對一種行為和意圖感到喜悅，對另一種感到痛苦，是由於我們對那些事物有喜悅或痛苦的觀念，是出於教育或經歷的效果。由此我推論（這種推論是我父親常說的，我自己也深信不疑）教育的目的應該是建立最牢固的、可能的、有益事物的聯想；把喜悅與所有有利於大多數人的事物聯想起來，把痛苦與所有有害於大多數人的事物聯想起來。這個道理似乎是顛撲不破的，但是回想起來，當時在我的心目中，我的老師們研究建立和保持此種有益聯想的方法是很膚淺的。他們似乎完全信任陳舊的大家知道的方法——讚美和責備，獎勵和懲罰。現在我毫不懷疑，及早和不間斷地使用這些方法，可能建立起劇烈的痛苦聯想和喜悅聯想，尤其是痛苦聯想；可能產生歷久不衰的願望和嫌惡，一直保持到生命的終止。但是這樣產生的聯想肯定帶有不自然的和偶然的性質。把痛苦和喜悅用這種強制的辦法與事物聯想起來，絕不是自然的聯想，所以我想，使這些聯想歷久不衰的關鍵，在於開始習慣運用分析能力以前，就使這些聯想已經非常強烈和根深蒂固，達到實際上不可能消失的程度。因為現在我懂得，或者我認為我懂得，以前我經常以懷疑態度接受的道理——分析的習慣會磨滅人的感情；當其它心理習慣尚未養成，人的分析精神缺乏自然的補充與校正時，它確實會磨滅感情。我認為，分析的優越性能削弱和破壞由偏見產生的一切後果；它使我們能在心理上解開偶然糾纏在一起的各種見解；任何聯想都無法最後抗拒這種分解的力量，這就是為何我們把分析看做獲得自然界永久性關聯的最清楚知識；事物的真正聯繫不以我們的意志和感情為轉移，根據自然法則，在許多情況下，一種事物實際上不能與他種事物相分離；這些法則（根據對它們的領悟和理解程度）使我們對萬物的觀念（它們在自然中經常聯繫在一起）在我們頭腦中越來越緊密地結合在一起。分析的習慣就這樣加強原因與結果、方法與目的的聯想，但分析習慣又會削弱那些（用一句熟悉的話來說）僅僅是感情的東西。所以我想，分析的習慣對深謀遠慮和洞察力來說是有利的，但對熱情和德行來說卻永久是根部的蛀蟲；更重要的是，分析的習慣可怕地破壞由聯想引起的所有希望和所有喜悅，也就是說，根據我所持的理論，除了純粹物質上和感官上的希望與喜悅外，都被破壞殆盡；沒有人比我更加堅信，單憑這些希望與喜悅完全不足以使生活圓滿。這些是人性規律，在我看來，就是這個規律使我陷入目前狀態。凡是我所仰慕的人都持有這樣見解：即同情他人的喜悅和為人做好事，特別是盡力為人類做好事的感情是人生的目的，也是最大最可靠的幸福之源。對這個見解的正確性我深信不疑，但是，知道有一種如果我有了它就會幸福的感情，並不等於我就能得到這種感情。我以為，我所受的教育未能建立起具有足夠力量以抵抗因分析帶來的瓦解感情的影響，而我在知識培養的過程所導致過早發展和過早成熟的分析，已成為我思想上根深蒂固的習慣。我自己盤算，我的人生航程就這樣在剛開始時就擱淺了，因為我駕駛的裝備良好的船有舵無帆。對於我曾經努力爭取的目的，現在已沒有真正欲望。對於德行，對於普遍的善行，我沒有興趣，對其它事物也很淡漠。仁慈心的源泉似已完全乾涸，我心裏的虛榮和抱負的源泉也已枯竭。回憶起來，我在少年時代已經有過某些虛榮性的滿足，在出人頭地的希望尚未變為激情之前已經有過一些榮譽，覺得自己有點身份與地位；儘管我所得到的名譽地位是這樣微小，但是它們還是來得太早了，像所有來得太快的喜悅一樣，它使我對於名譽地位的追求感到厭倦和淡漠。這樣不管是自私的喜悅還是非自私的喜悅，對我已不成為喜悅。似乎世界上已經沒有足夠力量重新開始形成我的性格，使我這顆陷於分析絕境的心靈重新與人類想望的任何事物建立起新的喜悅的聯想。

這些就是我的思想狀況，它與一八二六到一八二七年陰沈冬天的枯燥沈悶氣氛相交織。在這段時間裏我還是能做日常例行公事，但是機械地只憑習慣的驅使去做。因為我受過某種精神活動的訓練，即使心不在焉仍能照常工作。甚至還草擬講稿在辯論會上發表幾次演說，至於講得怎樣，有幾分成功那就不知道了。我在學會連續演講了四年，只有這一年的情形我幾乎全部忘掉。在所有作家中，唯獨科爾里奇的兩句詩一直印在我的頭腦裏，它是我感覺的真實寫照（但不是這一次的感覺，因為我當時還未讀到它，而是後來重患同樣心病時的感覺）：

沒有希望的工作，猶如汲酒於篩，
沒有目的的希望，無法存在。

我的狀況很可能不如我想像得那樣獨特，我相信還有許多人經歷過同我差不多的狀況；可是我所受教育的特點使這個普遍現象帶有特殊性質，使它看上去像是由什麼原因造成的自然結果，不可能隨著時間過去自然消失。我常常自問，如果我的生活一定要這樣下去，我能不能或者我有無必要繼續活下去。我總是這樣回答自己：我認為我不可能忍受一年以上。但是半年時間剛過去，一線微光透過我沮喪的心扉。我偶然閱讀馬蒙特爾的《回憶錄》，讀到他父親去世那一節，講到他一家人憂傷的處境，突然有一種激情使他（還只是一個孩子）意識到，並使家裏人都覺得，他將是一家人唯一的依靠，他將填補他們失去的一切。書中描述的生動的場景和摯情深深感動了我，我的眼淚禁不住奪眶而出。從這一剎那起我的思想負擔有所減輕。那種自以為所有感情已經死去的思想壓迫感消失了。我不再絕望，不再是一塊木頭或石頭。看起來，我還是具有某種東西，透過它會產生全部有價值的品性和全部取得幸福的能力。時刻纏繞在心頭的無法治愈的沮喪情緒去掉了，逐漸發覺尋常的生活小事又能給我一些愉快，又能從陽光和藍天、從書本、談話和公務中享受到並不劇烈但又充分的歡樂，在為我的見解為公眾的利益發揮我的力量中再次感到小小的激動。就這樣，陰霾逐漸消散，我重新享受到生活的樂趣。雖然還有幾次舊病復發，有幾次還持續好幾個月，但是我不再像以前那樣感到不幸。

這一段經歷在我的思想和性格上產生兩個明顯的後果。首先，它使我的生活信念與以往所持有的完全不同，而與我當時從來沒有聽過的卡萊爾「反自我意識理論」卻有很多共同之處。我確實未曾動搖過我的固有信念，即快樂是所有行為規則的檢驗標準和生活的目的。但是現在我認為這個目的只有在不把它看作直接目的時才能達到。我想只有那些不為自己謀快樂而把心力用在別的目的上的人才是快樂的，為他人謀幸福的人，為人類謀進步的人，甚至從事藝術或學問，但不把它們當作謀生手段，而把它們當作理想目的的人才是快樂的。在做其它工作而有同樣目標的人，他們也能在工作中得到快樂。我現在的信念是：生活的各種享受足以使生活成為樂事，但是必須不把享受當作主要目的，而把它們看作附帶得到的東西。若是一旦把它們當作主要目的，就會立刻覺得它們不足以成為樂事。它們禁不起仔細考查。如果你細細盤問自己快樂不快樂，你就會覺得不再快樂。唯一的辦法是不把快樂當作生活目標，而把快樂以外的目的做為生活的目標。拋棄你的自我意識、你的追根究底、你的自我盤問；另一種情況，如果你處在幸福之中，那麼你將不要詳論和細想快樂，不要在想像中獨占快樂，不要追根究底而使快樂跑掉，這樣在你面前隨時隨地都有快樂。這個信念現在成為我處世哲學的基礎。我認為它也是所有對享受只賦有中等程度敏感和能力的人，也就是世上極大多數人最好的信念。

這個時期我思想上發生的另一個重要變化，就是我第一次把個人的內心修養當作人類幸福的首要的條件之一。我不再把外部條件的安排和對人的思想與行為的訓練看作唯一的重要因素。

經驗告訴我，與對主動的能力一樣，被動的感受性也需要培植，也需要熏陶、滋養和指導。我一刻也沒有忘記或低估我以前發覺的那一部分真理，我依然承認知識教育的重要性，絕不否定分析的力量與作用是改進個人和社會的重要條件。但是我想：對它的重要性的認識在程度上必須加以糾正，除它之外還要結合其它種類的教育。讓各種能力之間保持一定平衡，現在在我看來是頭等重要的事情。感情的培養成為我的倫理和哲學信念的重點。我的思想和志趣越來越重視有助於達到這個目的的任何事物。

我曾讀到或聽到關於詩歌和藝術是培育人的重要工具的說法，我現在開始尋求其中的道理。但是過了好久我才從親身經驗中開始懂得這個道理。在給人想像力的藝術中我自幼喜愛的唯有音樂。它最大的效果（這方面音樂超過其它藝術）在於激發熱情，在於提高人們個性中原已存在的高尚情操，音樂的刺激使這種感情發光發熱，雖然這種激情達到最高程度是暫時的，但是在另外一些場合中保持這種情操是極為寶貴的。我經常感受音樂的此種影響，但在我思想沮喪時期，它也像所有令人愉快的感受一樣暫時消失了；我一再想從音樂中找尋慰藉，但毫無所獲。到陰霾過去，疙瘩解開，我處在恢復階段時，音樂幫助我向前，但心境沒有過去那樣振奮。此時我首先接觸到的是韋伯的《奧伯倫》（*Oberon*），它美妙的曲調給我的極大快樂對我頗有好處，因為它使我知道這一種快樂的源泉還是和以往一般能使我感動。但是一想到音樂給人的快樂（像這樣實實在在的快樂歸根結底只不過是聲調而已）會因為太諳熟而消失，要過一段時間聽一次或者不斷更新曲調才能使人重新振奮，所以它給我的好處便大打折扣。能說明我當時情況和我生活中這個階段內心情緒的特色是：我一想到音樂曲調變化有窮盡便十分煩惱。八音度只有五個全音與兩個半音，把它們組合起來的方法有限，而在有限的方法中只有一小部分動聽；大部分組合在我看來都是拾人牙慧；不可能有大批莫札特和韋伯來譜寫那樣嶄新的、異常豐富優美的音樂風格。有人也許會想，我的這種焦慮類似拉普他②哲學家，唯恐太陽燒盡的憂慮一般。但是這種憂慮正好與我個性中最好的特質有關，也是我毫無浪漫色彩的、毫無榮譽可言的憂傷中唯一的優點。因為，雖然我的沮喪認真查考起來不外是一種以自我為中心的心理在作祟，我想，這是由於我的快樂結構遭到毀滅才產生的，但是人類的總的命運永遠放在我的心中，它與我個人的命運是分不開的。我覺得我生活中的短暫風暴，一定是一種生活自身的風暴；問題在於：倘若社會和政治的改革者能實現其目標，社會上每個人得到自由和物質上舒適，生活的快樂會不會因為不再存在貧困、不再需要抗爭，就將不再成為快樂？我還覺得除非我對人類幸福有可能發現比這個更美好的希望，我的沮喪一定還要繼續下去；倘若我能發現這種出路，那麼我對世界才抱樂觀，就我自己來說才甘願在人類共同命運裏取得我應得的一份。

在這種思想和感情狀況下，我第一次（一八二八年秋天）閱讀華滋華斯的著作成為生活中一件大事。受好奇心的驅使我拿起他的詩集，並不期望從中得到心靈上的安慰，雖然在以前我曾經懷著這種希望求助於詩歌。在我思想最痛苦時期，讀完拜倫全部詩歌（是第一次讀），一般人認為詩人的特殊處就在於他們有較強烈的感情，我想試一下詩人能否喚起我的感情。果然不出意料，我讀後並未得到好處，效果適得其反。這位詩人的心境和我太相似了，他的詩正是一個已厭倦一切喜悅的人的悲哀，在他看來，生活對於所有生活條件很好的人必然是枯燥乏味毫無興趣的東西，與我的看法毫無二致。他的〈哈羅德〉（*Harold*）和〈曼弗雷德〉（*Manfred*）中就有與我同樣的思想重負；我的內心狀況也不能期望從他的〈吉奧斯〉（*Giaours*）的強烈肉欲熱情中或〈拉臘斯〉（*Laras*）的沈悶的氣氛中得到任何安慰。可是，雖然拜倫的詩完全不適合我的心緒，但華滋華斯的詩恰好適合。兩三年前我曾瀏覽過他的〈遠遊〉（*Excursion*），但沒有什麼收穫；倘若我此時還是讀這一篇，也許依然不感興趣。但是一八一五年出版的二卷本詩集中有多方面內容的詩篇（作者晚年幾乎沒有增加太多好作品），正是在那個特殊關鍵時刻我精神上所需要的東西。

首先，這些詩有力地觸動我最強烈感到快樂的敏感之處，即對鄉村風物與自然景色的愛好；這些不但是我生活中大部分快樂所在，而且把我從最近一次時間最長的沮喪復發中解脫出來。是鄉村美景向我展施的力量，為我從華滋華斯詩歌裏吸取歡悅打下基礎；由於我早年曾旅遊過庇里牛斯山，所以，他所描寫的景色大多是山地更成為我理想的自然美景。倘若華滋華斯的詩僅僅把自然美景呈現在我的眼前，那對我是絕不會有如此巨大影響的。儘管司各特描寫自然景色比前者更高一籌，但是前者的第二流的風景詩比任何詩人給我的效果更大。是什麼使華滋華斯的詩像一味治我心病的良藥呢，就是他的詩給人不僅是外表的美，而是在動人的美景下含蓄著感情，蘊藏著由感情渲染的思想。它們似乎是我在尋覓的感情培養劑。我彷彿從它那裏得到喜悅的源泉，得到同情的和想像中快樂的源泉，這種源泉是所有人都能共享的，和人生的爭鬥與缺陷無關。人類的物質條件和社會條件越是改善，這個源泉就越豐富。從那些詩篇裏我似懂得，當生活中所有較大的邪惡去掉時，什麼是綿綿不斷的快樂源泉。在我接受這些詩篇的影響時，頓覺精神振奮，心情愉快。在我們這個時代裏，肯定有比華滋華斯更偉大的詩人，但是具有更真摯更崇高感情的詩歌在當時也不可能像他的詩那樣給我力量。我需要有人幫助我讓我覺得在安靜的沈思中有真正的永久的快樂，只有華滋華斯告訴我這一點，他使我不但不脫離人的共同感情和共同目標，而且使我對它們發生更大的興趣。這些詩章給我的喜悅足以證明，有了此種教養，即使養成根深蒂固的分析習慣，也不可怕。在詩集的結尾處是著名的〈頌歌〉，它被人誤稱為柏拉圖式的〈永生的暗示〉，這首詩除了比一般詩的音調與韻律更美，除了兩段時常被引用的、形象莊嚴但哲理淺薄的詩節外，我發覺作者有過和我同樣的經歷。他也同樣感到年輕生活享受的最初新鮮感不可能持久，但他找尋補償，而且找到了，找尋的方法就是現在他教導我找尋補償的方法。結果我逐漸從長期的消沈中掙扎出來，從此再不受其折磨。以後我在評價華滋華斯時都以他對我的作用為尺度，而不根據他內在的優點。與其它最偉大的詩人相比較，可以說他是不具備詩人氣質的詩人，他具有寧靜好沈思的情趣。但是，非詩人氣質顯然是那種需要受詩熏陶的氣質，與詩人氣質勝過他的詩人相比，華滋華斯更能以詩熏陶人。

於是，華滋華斯的功績成為我第一次公開宣布我的思想新方法，並與未曾經歷同我一樣變化的往日同伴相疏遠的導因。此時我時常與之討論這個話題的只有羅巴克，我勸他讀華滋華斯詩集，他讀後開始時似乎覺得其中有許多值得欽佩的地方。我像大多數喜歡華滋華斯的人一樣，強烈反對拜倫，不僅反對他的詩，而且反對他對人們的影響。羅巴克天性好動，喜愛爭論，與我相反，他強烈喜愛也非常推崇拜倫，把拜倫的詩稱讚為人生的詩篇，而華滋華斯的詩在他看來只是花朵蝴蝶的詩篇。我們同意在辯論會上爭個水落石出，於是我們花兩個晚上時間辯論，比較拜倫和華滋華斯的優點，我們兩人都以長篇大論提出並說明各自關於詩歌的理論；斯特林也發表一篇出色的演講，提出他與眾不同的理論。我與羅巴克站在對立面上對重要問題進行辯論，這還是第一次。從這次開始我們的裂痕漸漸擴大，雖然在以後數年間我們繼續保持夥伴關係。開始時，我們的主要分歧是關於感情的培養問題。羅巴克在許多方面的見解與邊沁主義或功利主義的一般觀念大相徑庭。他愛好詩和美術，非常喜歡音樂、戲劇表演，尤其是繪畫，他本人擅長畫風景，技巧熟練，形象美觀。但是他從來不懂得美術有助於形成一個人的性格。在個性上，他不像一般邊沁主義者那樣缺乏感情，他十分機智和敏感。但像大多數感情豐富的英國人一般，他認為感情嚴重妨礙他的發展，痛苦的同情比令人快樂的事情更易於使他感受，因而他向別處尋找他的快樂，他希望他的感情遲鈍下來，不願它敏銳起來。事實上，英國人的個性和英國的社會環境很少有可能從同情別人中取得快樂，因此，同情心在一個英國人有計劃生活中處於極不重要的地位，就不足為奇了。在大多數其它國家裏，同情心作為個人快樂的要素具有極端重要性，這是理所當然和不言而喻的原則，但是大多數英國思想家幾乎把同情心看作是用以保持人們慈善和憐憫行為的必要壞事。羅巴克就是這種英國人，或者說似乎就是。他看不到陶冶感情的任何好處，否定透過想像力來陶冶感情，他認為想像力只能培養幻想。我徒勞地向他說明：由活躍意識在我們頭腦中激發出來的想像的熱情，不是幻想，而是像其它事物性質一樣真實的事實；想像的熱情絕不會使我們理解事物產生錯誤和虛妄，而是與最正確的認識和最完全的辨別事物的物質和精神規律與關係完全一致。夕陽映紅晚霞的美麗帶來的強烈情感，並不妨礙我認識雲是水蒸氣，受懸浮狀態中水蒸氣的規律的支配；而且只要有機會，我還是儘可能考慮和運用這些自然規律，不去領悟美與醜之間的任何區別。

在與羅巴克的友誼日益疏遠的同時，我與學會裏幾位科爾里奇派對手漸漸接近友好起來，如弗雷德里克·莫里斯和約翰·斯特林，他們後來都成為名人，前者以著作聞名，後者以黑爾和卡萊爾為他寫的傳記出名。在這兩位朋友中，莫里斯是思想家，斯特林是演說家，後者演說詞裏充滿熱情的思想，這些思想在當時幾乎完全由莫里斯為他構思。

我認識莫里斯已有一段時間，是由艾頓·圖克介紹的，圖克在劍橋與他相識。雖然我和他的談論時常因意見分歧引起爭論，但在這種爭論中我獲益良多，有助於建立我的新思想的構架；與科爾里奇的接觸以及這幾年所讀的歌德和其它德國作家的著作，都使我收到同樣效果。對莫里斯的性格、人生目的和智力上的天賦，我表示極端的尊敬，因而，如果我說到什麼事情對他稱頌不夠，不足以表達我樂意給予的欽佩，那是出於無心。但我一直認為，與同代人比起來，莫里斯的智力虛擲得較多，很少有人像他這樣浪費精力。他把巨大的概括能力、少見的獨創性和辨別力，和對重要深邃的真理的廣泛理解力用錯地方，沒有在重要思想主題上，研究出較好的成果來替代思想垃圾堆上的陳腐見解，而用在為自己證明英格蘭國教會一開始就洞察一切，攻擊教會與正統觀念所根據的所有真理（其中有許多他和任何人看得一樣清楚）不但吻合「三十九條」，而且在這些條款裏對這些真理比反對它們的人理解和表達得更加清楚。我對這個情況只能找出一個解釋，即出於良心上的怯弱，加上天生氣質的敏感，這些心靈上的弱點非常容易驅使一個有高度天資的人到羅馬天主教教義中去尋覓較牢固的支持，因為他們從自己判斷作出的獨立結論中找不到有力的支持。認識莫里斯的人都未想到把更庸俗的怯弱加在他的頭上，事實上即使他沒有提出公開的證據說明他並非如此，人們只要看到他最後與一般認為的某些正統思想決裂，和他氣勢高昂地創導基督教社會主義運動就足夠了。就精神狀態而言，與莫里斯最接近最相似的是科爾里奇，撇開詩歌才能，單從智力上說，他肯定比科爾里奇強得多。但在此時，他可以說是後者的門徒，而斯特林既是科爾里奇的門徒又是莫里斯的門徒。我對自己原有理論的修正使我在某些論點上接近他們的理論，在這方面莫里斯和斯特林對我的進步起過相當的作用。我很快和斯特林成了莫逆，和他的感情之篤超過以往所有的友人。他確實是位令人愛慕的人。他的坦率、熱誠。深情和開朗的個性；無論在最高尚事物還是最卑賤事物上同樣熱愛真理；慷慨熱情的性格使他的見解流露出性格特點並帶有激烈色彩，但對相反的理論和持相反意見的人們極力保持公正的態度，對錯誤的東西則猛烈攻擊；對「自由」和「責任」的基本要義同樣景仰。

斯特林兼有以上種種美德，不但對我有吸引力，而且使所有與我同樣理解他的人都對他傾心。儘管我與他之間的思想認識不全一致，但具有開朗豪爽心胸的他很容易越過這個鴻溝與我交上朋友。他告訴我，他和其它人（根據道聽途說）如何把我看作「製造出來的人，只具有別人烙在我頭腦裏的思想印記，跟著鸚鵡學舌；又怎樣當他在關於華滋華斯和拜倫的辯論會上聽到我對華滋華斯的見解，發現竟與他和他的朋友一致時，他的感覺起了變化。不久他患了病，疾病很快使他的人生計劃煙消雲散，被迫遷往遠離倫敦的地方，因此在我們相識一、二年後，往往要相隔許久才會見一次。但是（正如他在給卡萊爾信中說到自己時那樣）當我們相逢時，確實情同手足。雖然他從來不是一位造詣很深的思想家（從這個名詞的全面意義來說），但是他有遠遠超過莫里斯的廣闊心胸和精神勇氣，這就使他的進步足以突破莫里斯和科爾里奇而一度在智力上占有優勢。雖然他始終對他們兩位保持非常的但不盲目的欽佩，而對莫里斯則更表熱愛。除了他誤入歧途當了牧師的一段短暫時期外，他的思想永遠是進步的。每逢隔了一段時間我再見到他時，他總是有所前進，使我不禁以歌德評價席勒的話來稱讚他：「他真是一日千里啊！」他和我在相交之初，在理論觀點上差異之大猶如南北兩極，但是我們間的距離一直在縮小。如果說我對他的某些理論稍有接近的話，他在短促的一生中，也不斷地逐漸向我的某些觀點靠攏。倘若他能長命些，其健康和精力允許他進行刻苦的自修的話，那麼我們間此種自發的同化過程將繼續到何等光景，那就無從知道了。

一八二九年後我不再參加辯論學會。我作演說已經夠多了，如今希望進行個人研究和思考，但不願把研究結果立刻發表。我發覺往日所接受的原有的理論結構在許多新的地方已經不適合，但我絕不讓它垮臺，我一定要不停地努力使其再具活力。在我轉變過程中，我不容自己思想有片刻混亂與動蕩。當我學到一些新的理論時，絕不就此停頓，一定要調整它與我舊有理論之間的關係，並切實地確定在修正或取代我的舊理論中，它的作用必須發揮到何等程度。

我在維護邊沁和父親著作中提出的政治理論所經常碰到的論戰，以及同其它政治思想學派的接觸，使我懂得好些東西，一般自稱為政治理論的學說應該添加這些東西，可是實際上不是這樣。但是在我看來，這些東西是理論應用於實踐所作的糾正，而不是理論本身的缺點。我感到政治學不可能是一種具體經驗的科學；而指責邊沁學說不是一種理論，說它不依據培根的實驗而以先驗方式作一般性的推理，這表示批評者完全不懂培根的原理，完全不懂實驗性調查研究必須具備的條件。就在這個關鍵時刻《愛丁堡評論》發表麥考利攻擊我父親《論政府》的著名文章。這件事使我考慮很多：我知道麥考利政治邏輯的概念是錯誤的，他反對用哲學方式，主張用經驗主義方式解釋政治現象，在自然科學方面他對哲理推討的看法也許與凱普勒的理論相符，但肯定與牛頓和拉普拉斯的學說相違。但是我不得不想到：雖然他的語氣不確當（麥考利後來對他的錯誤作了最充分最可稱道的改正），但是他對父親論述這個主題所作的幾處苛評顯得頗有道理；父親的前提確實太狹隘，只包含政治學中重要結果所依據的幾個一般真理。統治者和整個社會之間的利益一致不是產生良好政治的唯一條件；此種利益一致也不是僅僅有選舉制度就可以保證。我很不滿意父親對待麥考利批評的態度。我想他應該為自己辯護說：「我寫的不是論政治的科學論文，而是主張國會改革的論文。」可是他並不如此。他把麥考利的議論看成毫無合理的東西，是對推理才能的攻擊，是霍布斯所說的「當理性反對人時，人也會反對理性」的例證。他這種做法使我想到，父親運用在政治學上的哲學方法概念中，確實存在比我以前設想的更加嚴重的錯誤。但是開始時我不清楚是怎樣的錯誤，最後在研究其它問題過程中立刻讓我看了出來。一八三〇年上半年我開始把學會早晨討論會提出的和討論中形成的邏輯思想記錄下來（主要討論名辭間的區別和命題的意義）。先把這些思想要旨抓住不使遺忘，然後進而研究這個主題的其它部分，想試一試能否進一步弄清邏輯理論。我暫且擱下推理問題，立即討論歸納法問題，因為在我們能從前提推理以前，必須先取得前提。歸納法主要是從結果找出原因的方法。我在自然科學裏探索因果方式的嘗試中很快懂得：在較完善的科學中，通過個別事物的一般化，上溯至所考慮的一個個原因的傾向，然後再從那些獨立的傾向向下推理至那些原因結合所產生的結果。然後我自問，什麼是這種演繹過程的最後分析？普通的三段論法肯定不能說明問題。我的做法（從霍布斯和父親那裏學來）是從我能找到的最具體的實例中研究抽象的原理，我發覺力學中「力的合成」是我正在研究的邏輯方法的最完善的實例。於是我著手研究當思想應用「力的合成」原理時思想上起什麼變化，結果我發現它起了單純的加法作用。它把一種力的單獨結果與其它力的單獨結果加起來，這些單獨結果總數加在一起成為聯合結果。但這是正當的方法嗎？在力學和物理學的數學分支學科中它是正當的；但在其它一些學科如化學中它又是不正當的；於是我回憶起童年時愛讀的湯姆森《化學體系》的序言中曾經提到類似的情況，並指出這是化學現象和機械現象區別之一。這個區別立即使我心頭明亮，知道在有關政治哲學中是什麼東西使我困惑不解。現在我懂得，一種科學究竟是演繹的還是實驗的，要根據它所涉及的領域內各種原因聯合所產生的結果，是不是與同樣原因在分散時所產生的結果的總和相等。由此可見，政治學一定是演繹的科學。從這點看來麥考利和我父親都錯了，麥考利把政治學中推究哲理的方法與化學的純實驗方法等同起來；而我父親使用演繹法雖然是對的，但是選擇了不恰當的方法作為演繹法使用，不是使用自然哲學的演繹法分支，而是使用不恰當的純幾何演繹法，後者根本不是研究因果關係的科學，它不需要也不允許把結果壘計。我後來出版的《道德科學的邏輯學》③一書的主要幾章就於此時在我思想裏打下基礎；而與我昔日政治信念有關的新見解現在十分明確了。

如果有人問我用哪一種政治哲學體系來替代我所捨棄的哲學，我回答「沒有體系」。我只是深信，真正的體系比我先前所想的要更複雜更多，它的功能不是提出一套制度的模式、而是提出一套原則，根據這些原則可以演繹出各種適合特定環境的制度。歐洲思想的影響，我是說歐洲大陸思想的影響，尤其是對十八世紀做出反應的十九世紀思想的影響現在注入我的心頭。它們由各個方面傳來：一是從科爾裏奇的著作裏來，他的書我在思想變化前已經開始有興趣閱讀；二是受科爾裏奇派人影響，這些人與我有個人往來；三是受歌德著名思想的影響；四是受卡萊爾早期發表在《愛丁堡評論》和《外事評論》上文章的影響，雖然有很長一段時間我對它們並不重視，只把它們看作狂人的狂文，我父親一直認為沒有什麼內容。從這些來源以及從我與當代法國文學保持的接觸，我獲得了歐洲思想家在理論發生混亂時期首先提出的各種觀念，特別是那些觀念：人類思想的可能進步有一定的循序，有的東西在前，有的東西在後，政府和傑出人物可以使這種循序略加變動，但是變動的程度有限；政治制度的所有問題都是相對的，不是絕對的，而人類進步的不同階段不但有並且必定有不同的制度；政府總是掌握在或落入那些社會上最強大力量之手，這是怎樣的一種力量·不決定於制度，而制度決定於它；一般政治理論或政治哲學都提出過人類進步的前提理論，這是和歷史哲學同樣的東西。現在與我最常交換意見的思想家所掌握的這些見解大體是正確的，但態度上頗為誇張和激烈。那些人以反動的態度忽視十八世紀思想家看到的那一半真理。雖然在我思想發展的一個階段，也有一段時間低估這個偉大的世紀，但是我從不參預反動。我堅持真理的這一邊也同樣堅持真理的那一邊。十九世紀與十八世紀之爭常常使我想起盾牌之爭：它的一面白色另一面黑色，爭執者懷著盲目的憤怒互相攻擊使我吃驚。我把科爾裏奇關於一半真理的許多名言應用到爭論的雙方，並應用到科爾裏奇本身；而歌德「多面性」的說法，在這個時刻我最樂意接過來為我所用。

在新政治思想方式方面，給我印象最深刻的是法國聖西門學派作家，其影響超過其它學派。一八二九和一八三〇年我讀到他們幾本著作。當時他們的學說還處在早期階段，他們還未使其哲學帶有宗教色彩，也沒有制訂社會主義方案。他們正開始對繼承財產的原則提出疑問。我無意與他們共同研究這個問題。但是當他們第一次向我提出人類進步自然循序的那個與我有關的觀點時，我感到大為驚訝，尤其是他們把全部歷史劃分為建制時期和批判時期更使我興奮。根據他們說法，在建制時期人類以堅定信念接受積極的政治綱領，綱領要求管理人類全部活動，它包括或多或少的真理並適合人類社會的需要。在綱領影響下人類取得和綱領相適應的所有進步，最後超過綱領所適應的範圍。跟著是一個批判和否定時期，在此時期內人類失去舊有的信念，沒有建立帶有普遍性和權威性的新信念（唯一就是深信舊信念是謬誤的）。希臘人和羅馬人真心信奉的希臘和羅馬多神教時期，是建制時期，其後緊接著的是希臘哲學家的批判和懷疑時期。另一個建制時期與基督教同時到來，相應的批判時期從基督教改革運動同時開始，一直延續到現在，要到一個新的建制時期開始才告完全終止，而新時期要到更先進的信念勝利時方能開始。我知道這些思想不是聖西門派人所獨有，相反它是歐洲的普遍思想，至少在德國和法國都存在，但就我所知，它們從未得到像這些作者那樣全面系統的整理過，也從未有人這樣有力地提出過批判時期的明顯特性，因為我當時還沒有見到費希特《現代特徵》（*The Characteristics of the Present Age*）的演講集。確實，在卡萊爾的著作裏，我發現他對「無信仰的時期」和現代的痛斥，我像大多數同時代人一樣，認為這種痛斥就是祖護舊的信仰方式所提出的激烈的抗議。但是這些痛斥中含有正確的東西，我覺得聖西門派人說得更加冷靜更加富有哲理。同樣在他們的出版物中，在我看來有一部書最為優越，書中思想成熟，達到更明確更有啟發力量的程度，這就是奧居斯特・孔德的早期作品。當時他自稱為聖西門的學生，甚至在該書的扉頁上也這樣印著。孔德先生在這本小冊子中首先提出人類的知識有三個自然連續階段的理論：第一是神學階段，其次是形而上學階段，最後是實證階段，然後加以詳述。他堅決主張社會科學也受同樣規律的支配：封建和天主教的制度是社會科學神學階段的最後形態，新教是形而上學階段的開始，法國革命的理論是這個階段的完成，而實證階段尚未來到。這一套理論與我的思想十分合拍，它使我的思想更具有科學性。我已把研究自然科學的方法看成是研究政治學的適當典範，但是這段時間裏，對聖西門和孔德思想研究的主要收穫，是讓我比以前更清楚地理解思想變遷階段的各種特色，不再錯誤地把這樣一個階段的道德和智力的特性當作人類的正常屬性。我盼望日前這個囂聲爭辯而信心微弱的年代，將出現一個批判時期與建制時期的優點結合起來的未來，這個未來將是無限制的思想自由，不受束縛的（只要不損害旁人）各種各樣的個人行動自由；但是是與非、利與害的信念已由早年的教育和普遍一致的情操深深銘刻在人們的感情裏，而且有理性和生活的真正需要為鞏固基礎，這些信念與古今各種宗教、倫理和政治的信條不同，必須週期地以新代舊。

孔德先生不久離開聖西門學派，有若干年我見不到他和他的著作。但我繼續與聖西門學派的人交往，與其中一位最熱情的信徒居斯塔夫・代什塔爾先生聯繫，以保持與該學派的發展相接觸，他那時在英格蘭逗留很久。一八三〇年他介紹我認識他們的領袖巴札爾和昂方坦，只要他們繼續公開發表學說和宣傳改變信仰，他們的作品我幾乎全都讀過。他們對自由主義一般理論的批評，在我看來充滿著重要的真理；我看清楚舊政治經濟學價值的局限性和短暫性，部分也是受他們著作的指引。舊政治經濟學認為，私有財產和遺產是不能取消的事實，而生產自由和交換自由是社會改良的最好辦法。聖西門學派逐漸制訂出他們的綱領，規定社會的勞動和資本的使用必須有利於社會總目標，每個人要參加勞動，不論是思想家、教師、藝術家或生產者，按能力分類，按勞付酬。在我看來這些主張比歐文的社會主義遠為優越。我認為他們的目標符合情理和受人歡迎，儘管他們的手段可能難以收效。雖然我對他們設計的社會機器既不相信它的實際性，又不相信它能有利地運行，但是我覺得他們這樣公開宣布人類社會的理想，就能給別人有力的指導，促使人們努力推動現在這樣建立起來的社會，逐漸接近理想的境地。我最尊敬他們的地方就是他們最受人貶低的地方，即他們以大膽而毫無偏見的態度對待家庭問題，這是所有問題中最重要的問題，它比其它任何重要社會機構更需要根本的改革，而對這個問題很少有別的改革者敢於提到。在主張男女完全平等和主張男女彼此關係上要有一種全新的秩序方面，聖西門派與歐文和傅立葉一樣值得後代銘記不忘。

在敘述這段時間我的生活時，我只能提出若干新的印象，這些印象在當時和此後，我認為似乎是我思想方法明確進步的轉捩點。但是經挑選的上述少數幾點，不足以說明在我思想發生轉變的年代關於許多問題所做的思考量。的確，在這些思想裏有許多是舉世皆知而我過去所不相信的或不注意的現在重新發現的東西。但是重新發現對我來說等於新發現，使我掌握大量真理，它們不是傳統的老生常談，而是在根本上有新的意義。此種發現總是使這些真理帶上新的成份，有了它，這些真理與我早期思想中不是人人知道的真理更加調和，而這些真理經過修正後，似乎進一步加強我早期思想中的真理，它們中最基本的東西，在我心裏任何時候也沒有動搖過。我的所有新思想不過為這些真理奠定更深厚更堅固的基礎，同時它們經常排除那些破壞這些真理效用的誤解和混亂的觀念。例如，在我後來幾次愁悶復發時，一種稱為哲學上必然性的理論像夢魘似的壓在我的身上。我覺得自己好像已被科學證明是一個受過去環境支配的無能為力的奴隸，好像我的個性和所有其它人的個性都由我們控制不了的力量造成，我們對之完全束手無策。我時常這樣想，要是我能不相信環境形成個性的理論，這對我是何等的寬慰。我想到福克斯的關於反政府學說的願望，他說願國王們永遠不要忘記這種學說，願臣民永遠不要記住這種學說。我說倘若所有的人都相信必然性的理論只是對別人個性而言，不相信對他們自己的個性也起作用，那該多麼幸運。我苦心焦慮地思考這個問題，慢慢明白它的底蘊。我明白，必然性這個詞作為運用於人類行為的因果論的名詞，容易引起錯誤的聯想；而此種聯想在引起我以前經歷的情緒沮喪、精神麻木中起了重要作用。我懂得雖然我們的個性是環境的產物，但我們願望對環境的形成也能起重大作用；我懂得，在自由意志理論中真正能鼓舞和提高人的精神力量的，是確信我們具有形成自己個性的真正力量；我懂得，我們的意志透過影響我們某些環境，就能增進今後使用意志的習慣和能力。所有這些道理與環境論完全一致，或者不如說它本身就是環境論。從那時起我思想中明確分清了環境論和宿命論的區別；完全拋棄必然性這個令人誤解的名詞。我第一次真正懂得這個理論，它不再使我沮喪，而且除了使我精神寬慰外，還不再因為思想上認為一個理論正確，而與其相反的理論符合道德標準而遭受思想負擔之苦，這種負擔對於想當一個理論改革者的人是多麼沈重。使我擺脫這個兩難困境的思想鍛練，幾年之後在我看來對別人也同樣適合，同樣有效；我在《邏輯學體系》一書中論〈自由與必然〉一章中講的就是這個問題。

再則，在政治學方面，我雖然不再把《論政府》看作科學理論；雖然我不再把代議民主制看作千古不變的原則，而把它看作是一種由時間、地點和環境決定的問題；雖然我現在把政治制度的選擇看作是道德和教育問題，而不是一種物質利益問題，我認為選擇應主要決定於哪種生活和文化的改良最接近人民的願望，並且是進一步改良的條件，什麼制度最有可能促進此種改良；不過，我的政治哲學前提中的這種變化，並未改變我認為應適合當時我國需要的實際政治信念。我依然是一個主張歐洲尤其是英國實行改革的激進主義者和民主主義者。我認為貴族階級（貴族和富豪）在英國政體上的優勢是一種罪惡，應不惜任何代價予以消除；這不是為了捐稅，或者為了諸如此類較小的疵政，而是因為這種優勢是使國民道德墮落的巨大力量。道德墮落，首先由於私人優勢超過國家公共利益，濫用立法權力以謀階級利益，因而使政府的行為成為公共道德嚴重敗壞的實例；第二，更大的原因是，在目前社會狀況下，群眾尊重的總是賴以通向權力的主要手段；在英國制度下，不論世襲財富還是賺得的財富幾乎是獲得政治上重要地位的唯一源泉；財富和表明財富的標記幾乎是獨一無二受到真正尊敬的東西，人們生活的主要目的就是追逐它。我以為，當上流富有階級掌握政權時，教育群眾和改善群眾生活是與那些階級的自身利益背道而馳，因為教育群眾和改善群眾生活將增加群眾掙脫枷鎖的力量。但是如果在統治權力中民主政治能占大部和主要比重，推動民眾教育將符合富裕階級的利益，因為提高教育水準可以防止有害的謬誤思想，尤其是防止由此引起侵犯財產的不義行為。根據上述理由，我不但要盡最大力量擁護民主制度，還誠懇希望歐文主義、聖西門主義和所有其它反私有財產的理論能廣泛地普及於貧苦階級。並不是我認為這些理論正確，或希望人們照它辦理，而是為了使上流階級能夠懂得，對他們來說無教育的窮人比有教育的窮人更為可怕。

我就在這種思想狀態中聽到法國七月革命的消息。它激起我無比熱情，好像給予我一種新的生命。我立即前往巴黎，我被介紹給拉斐特，此行為彼此交往打下基礎，使我以後能與最得民心的政黨裏幾位活躍的領導人保持聯繫。我一回國，作為一個作家，熱情投人對時局的討論；當格雷勛爵內閣成立和提出議會《改革法案》時，這種討論更加激動人心。在以後幾年中我為報紙寫了大量文章。大約就在這個時候，原曾為《檢查報》（*Examiner*）寫了一段時間政治論文的方布蘭克成為該報的股東和主編。人們對他在整個格雷內閣時期辦報中所表現的活力、才能和高度機智記憶猶新，還記得該報在新聞界作為激進主義見解的代表所承擔的重要任務。該報表現的傑出特色完全由於他自己所寫的文章，他的文字至少占報上發表的有獨到見解作品的四分之三，在剩下的四分之一裏，我在那幾年裏投稿的文字比誰占的比例都大。關於法國問題的文字幾乎全是我寫的，包括常常寫得很長的法國政治每周述評。此外還寫了許多社論，議論一般政治、商業和財政的立法以及我感到興趣而又適合該報刊登的多種題材，偶爾還包括書評。單是就當代時事和問題寫一些報紙文章，沒有機會獲得一般思想方法的進步，於是一八三一年初我試圖在一系列以〈時代精神〉為標題的文章裏，表達我的某些新思想，在論述當代的特性時，特別指出在一個思想體系已經陳舊過時，另一個思想體系正處於形成過程的這樣一個過渡階段，會出現的那些變態和弊害。我自知這批文章風格笨拙，在任何時候對報紙讀者說來都不夠生動活潑引人入勝，不能為他們所接受。如果此時是政治劇變迫在眉睫並引起眾人注意的特殊時刻，這些文章也許具有更大吸引力，但是。這些議論不合時宜，全然沒有鼓動力量。就我所知這些文章只在卡萊爾身上發生影響，當時他住在蘇格蘭一個偏僻地方，在孤居獨處時讀到它們，他對自己說（他後來告訴我）「這是一位新的神秘主義者」。當年秋天他來到倫敦訪問文章作者，這次訪問就是我們相識的原因。

上文已經提到卡萊爾早期著作是我接受影響的渠道之一，通過它們擴大我原先狹隘的信念。但是我並不認為，那些著作本身會影響我的思想。著作中的道理雖與我已從其它地方讀到的相同，而其形式和外表比其它文章更不適合於進入我這個受過早先那種鍛煉的頭腦。它們像是詩歌和德國形而上學的含糊的混合物，其中唯一清楚的東西就是強烈憎恨作為我思想方法基礎的大部分觀念——宗教懷疑論、功利主義、環境決定論和堅持民主、邏輯或政治經濟學的重要性。剛開始讀卡萊爾作品時，我得不到什麼教益，只有在我從更能使我接受的其它文章中讀到同樣道理時，才能慢慢從他的著作中認出相同的內容。當然，他在提出理論時有一種驚人的力量，它給我印象深刻，使我在一段長時間內成為他最熱忱的崇拜者，但是他的使我受益的作品，不是教導性的哲理而是令人激動的詩詞。即使在我們開始相識的時候，我的新思想方式尚未成熟到足以完全欣賞他作品的程度。關於這方面其中的一個證據是，當他給我看剛完稿的最偉大傑作《衣裳的哲學》（*Sartor Resartus*）的手稿時，我簡直看不出有什麼好處，但兩年後它發表在《弗雷塞雜誌》（*Fraser's Magazine*）上我再次讀它時，它給我無限喜悅，得到我熱烈讚賞。我並不因為卡萊爾與我在哲學上的根本差別，而不和他發展友誼。他很快發覺我不是「另一個神秘主義者」。我為了表示胸懷坦率，給他寫了一封表白信，詳細羅列我知道他最不喜歡的我的那些見解，他回信說，我們之間主要不同就是我「還不是個自覺的神秘主義者」。我不知道他何時才會放棄我必然會成為一個神秘主義者的期望，雖然此後幾年裏他和我的思想都經歷很大變化，我們的思想方式並不比剛認識的頭幾年裏相互更為接近。無論如何我認為自己沒有能力對卡萊爾作出公正的評價。我覺得他是一位詩人，而我不是；他是個直覺主義者，而我不是；因為如此，他不但能比我早得多就看到許多東西，我只能在別人指出後經過慢慢探究和證實才能看到；而且非常可能他所看到的東西，甚至在別人指出後我還是看不到。我知道我沒有能力全面看清他，更沒有把握徹底看清他，我從來不自以為能明確地對他作出判斷，除非有一位比我們二人遠為高明的人向我剖析他的思想，那個人必須論詩才勝過他，論思想勝過我，他的精神和天性包含著卡萊爾的精神和天性，而且遠遠超過他。

在熟悉已久的才智之士中，大奧斯丁與我在論點上互相一致的地方最多。我在上面提到過，他經常反對我們早年的小宗派主義情緒，後來他同我一樣接受新思想的影響。他受聘為倫敦大學（現大學學院）法學教授後，曾去波恩一段時間研究他所教的學科。德國文學的影響和德國社會的性質與狀況使他的人生觀發生頗為明顯的變化。他的性情變得遠比以前溫和，不再像以前那樣好鬥和愛爭；他的興趣開始轉向詩歌與思索。他不再像過去那樣重視外表的變化，除非這種變化伴隨著內部本質的改善。他對英國普遍平庸的生活，對缺乏開闊的思想和無私的願望，英國各階級人士所懷的低下的目標，表示強烈的厭惡；甚至對英國人表示關心的那種公共利益，他也很少予以尊敬。他認為，普魯士君主政體比英國代議政體在實際上具有更良好的政府，更關心各階層人民的教育和智力發展（這是完全真實的）。他與法國經濟學家一樣，認為良好政治的真正保證是「富有知識的人民」，而使人民有知識不一定是民主制度的結果；倘若沒有民主制度而能有富有知識的人民，他們將比民主制度工作得更好。雖然他贊成議會「改革法案」，但是他預言，一旦改革出現，它不會像許多人所期望的那樣，在政治上有巨大的直接的改良。他說，那種能做出這種大事業的人現在英國還沒有。不論在他剛接受的新思想裏，還是他一直保留下來的舊見解裏，在許多問題上我與他的意見都是一致的。他同我一般，一直是個功利主義者，雖然他十分愛慕德國人，十分欣賞德國的文學，但他絕不向德國先天主義的形而上學相妥協。他逐步自修一種德國宗教，一種帶有很少（如果有的話）明確教義的詩歌與感情的宗教。在政治上（這一點是我和他最不同的地方）他對民主制度的進步漠然視之，幾乎帶有蔑視態度。但是他為社會主義進步而高興，把它看作迫使權勢階級去教育人民的有效手段，使人民懂得、不斷改善其物質條件的唯一真正方法是限制他們的人口。這時他基本上不反對把社會主義作為社會改良的最終結果，他公開表示，非常輕蔑他稱為「政治經濟學家宣揚的人性的普遍原則」，堅持認為，歷史和日常生活為「人性的非凡適應性」（這個詞句我曾在某些地方借用過）所提供的證明；他還認為對道德力量不可能施加任何確實的限制，道德力量在社會和教育影響的啟發性指導下將會在人類社會中發揮作用。我不知道他是否把這些見解保持到生命結束。可以肯定的是他晚年的思想方式，特別是他最後發表的著作，比他在這段時間所持的見解有更多保守黨的特徵。

我現在覺得我和父親之間的思想感情狀況有很大距離。事實上存在的距離確實要比雙方冷靜、全面解釋和思考的還要大。但是父親不是那樣的人，可以期望在基本理論問題上與他進行冷靜和全面的解釋，至少一個他可能認為多少背叛他理論的人更難以抱這種希望。幸運的是在有關當前的政治問題上，我們幾乎總是持完全一致的意見，而政治問題又是他大部分興趣所在和他談話的主要題材。在我們意見不合的那些問題上，我們幾乎不大提到。他知道由他的教育方法培養成的我獨立思考的習慣，有時會使我接受與他不同的思想，而他時時察覺到我並不經常告訴他彼此之間有「怎樣」的不同。我懂得若討論我們的分歧，絕沒有好的收穫，徒然使雙方感到痛苦。除非他提起一些與我相反的思想和感情，要是我不回答便是不坦率，我才談論，否則我絕口不談這些。

現在要談一談這幾年我的寫作情況，除了向報紙投稿外，還寫了不少東西。一八三〇和一八三一年，我寫了五篇論文，後來以《論政治經濟學中幾個未解決的問題》書名出版。除了第五篇於一八三三年部分重寫以外，其它四篇幾乎就是現在這個樣子。寫完後我不急於出版。過了幾年我把它們拿給一位出版商看，他拒絕接受。到一八四四年我的《邏輯學體系》一書獲得成功，這本書才得到出版。我繼續對邏輯這一主題進行思索，對於用一般推理能發現新的真理的問題覺得矛盾重重，這使我與前人一樣疑惑不解。就事實而言，所有推理都可以分解為三段論法，同時在每一個三段論法中，結論實際包括和隱含在前提裏，這一點是毋庸置疑的。那麼既然結論包括和隱含在前提裏，結論怎麼能是新的真理呢？幾何學的命題，在外表上與定義和定理是如此不同，怎能全部包含在定義和定理中呢？我想，這是個難題，以前還無人充份感覺到，也無人成功地解釋清楚。由惠特利等人提出的解釋，雖然能使人滿意於一時，但在我心中，這個主題依舊籠罩著一層迷霧。最後，我在第二遍或第三遍讀杜加爾德·斯圖爾德的第二卷論推理幾章時，在每一個論點上都查考我自己，盡我所能查究書中提到的每個思想主題；我終於發現他在三段論法推理中使用定理的見解，對於此點我記得過去未曾注意，現在仔細考慮起來，不但它對定理是正確的，而且對不論哪類一般性命題也是正確的，並且還是解決整個疑竇的關鍵。我的《邏輯學體系》第二卷中所詳述的三段論法的理論，就是從這個胚芽生長起來的。在那裏我直接用上了這個見解。此時，我懷著有能力寫一本既有獨創性又有價值的論邏輯作品的希望，繼續根據已有的粗略而不完全的草稿，寫成《邏輯學體系》第一卷。我現在寫的東西成為續卷的基礎，只是內容未包括後來增添的《類別原理》，它是我第一次草擬《邏輯學體系》第三卷最後幾章的題目遇到的困難時才想出來的，否則這些困難便無法解決。就在我的工作達到這個當口時，我把它停了下來，一停就是五年。我已經到達我能力的極限，此時對歸納法寫不出任何滿意的東西。於是我繼續閱讀對這個題目能有所啟發的書籍，並盡我所能，尋覓答案。但是經過許久還是找不到能打開我思路的東西。

一八三二年我為《泰特雜誌》（*Tait's Magazine*）第一輯寫了幾篇論文，另外寫了一篇送給叫作《法理學家》（*Jurist*）的季刊，這個季刊是由一些志同道合的朋友創辦的，只辦了一個短時期，他們全是律師和法律改革者，其中有幾個與我相識。我的那篇論述國家對社團財產和教會財產的權利和義務的論文，就是現在收集在《論述與討論》（*Dissertations and Discussions*）中的第一篇；泰特雜誌上刊登的一篇論文，題目為〈貨幣幻術〉。也收在這個集子裏。總的說來。在這些文章以前寫的大量文字沒有永久的價值，不值得加以重印。《法理學家》上那篇論文，我至今仍認為是關於國家對基金機構權利的完整論述，它闡示我見解的兩個方面：我主張所有捐款都屬國家財產的理論，政府對之可以和應當加以控制（像我任何時候主張的一樣堅決）；我不再譴責捐款本身，不認為應把捐款作為清償國債之用（像我曾經一度主張的）。相反，我竭力主張為教育設立基金的重要意義，不能只依賴市場的需要，就是說依賴一般父母的知識和見識，而應該有計劃地制定和保持較高的教育標準，要比商品買方的自發要求的標準還高。我的這些意見經過我以後反覆思考，變得更加堅定更加有力。

注釋

①狄更斯小說《大衛・科波菲爾》中的人物。——譯者。

②格列佛遊記中的飛島，島上居民好空想。——譯者。

③收入《邏輯學體系》之中。——譯者。

第六章　1830年——1840年

我生平最寶貴友誼的開始　父親去世

一八四〇年以前我的著作和其它活動

就在我達到心智發展的這一時期，我得到一位女士的友誼，它是我一生的榮譽和幸福，也是我為人類進步所奮鬥的力量源泉。我第一次認識這位女士在一八三〇年，當時我二十五歲，她二十三歲，經歷二十年交友，她同意做我的妻子。我家與她丈夫的家庭夙有舊交，她丈夫的祖父與我父親在紐因頓格林比鄰而居。我還是孩子時曾幾次應邀到這位老紳士的花園裏玩耍。他是蘇格蘭老派清教徒的極好榜樣：樸實、嚴肅而有毅力，但對孩子們十分和藹，他的為人給孩子們長久難忘的印象。雖然我認識泰勒夫人好多年後我們才成為親密的或相互信任的朋友，但是我很快就感到她是我認識的人中最值得欽佩的。這並不是說，她在與我初次見面的那個年齡時，就同後來的她完全一樣（任何人都不可能）。如果說她天性的規律就是無師自通，無限進步，這至少是不真實的；必然的成就來自於她追求進步的熱情和才能的自發傾向，這種才能的自發傾向是在接受印象或經驗時同時把它變成智慧的源泉和機會。在我第一次見到她時，她豐富而堅強的性格已經大體依照受歡迎的女性英才類型發展。從外表上看，她美麗而機智，具有一種使所有接近者都覺得自然高貴的氣度。在內心上，她是個感情深沈而堅強的女性，有洞察力和直覺力，又有一種好冥思的詩人氣質。她早年嫁給一位極為正直、勇敢和令人尊敬的男子，他具有開明的思想，受過良好的教育，但對知識性活動和藝術缺乏興趣，否則他就是她美滿的伴侶，不過他是一個可靠而熱情的朋友，她對他終生懷著尊敬和愛情，當他去世時，她陷入深切哀傷之中。由於社會使婦女陷於無能為力的地步，所以她無法在外界充分發揮最大的才能，她的生活是一種內心活動的生活，隨著與朋友小圈子尋常交往而變動；朋友中只有一位①（早已去世）才華橫溢，具有和她差不多的才智與能力，其餘的人在情操和思想方面或多或少都有與她共同之處。我有幸進入這個圈子，不久就發覺她一身具有多種美德，而這些美德在我所認識的其它人身上若能找到一件，就已經讓我夠高興了。在她身上完全沒有各種迷信（包括把虛偽的至善歸諸自然和宇宙的秩序），她認真反對那些仍是社會公認規矩一部分的許多習俗，她的這種美德不是出於生硬的理智，而是由高貴情感力量所促成，並與虔敬的天性同時並存。在一般的精神特徵上以及氣質和品格方面，我常常把當時的她比作雪萊；但是在思想和智力上，雪萊短促一生的發展與她最後達到的相比，只能稱是小巫見大巫了。不論在最高的思辨領域，還是在日常生活瑣事上，她的智力是洞察事物、把握根本觀念或原則的完美工具。她動作準確敏捷，這一點同樣表現在她的感覺和思維能力上，加上感情和想像力的天賦，使她適於成為一位盡善盡美的藝術家；而她熱烈而溫柔的心靈和雄健的辯才，肯定可以使她成為偉大的演說家；她對人性的深刻理解和對世事的洞察識別能力，如果在婦女參政時代，將能使她躋身於人類的傑出統治者之中。她的智力天賦輔助著我畢生所僅見的最高尚最平衡的德性。她無利己心，這不是出自後天培養的責任感，而是出自把他人感情與自己感情完全合一的心胸，她幻想把自己內心的熱情對待別人的感情，以致往往過份地考慮別人的感情。假如她沒有無限的慷慨和愛隨時準備把它們給予任何人，而並不希望任何感情上的報答的話，那麼人們也許會把她對正義的熱情當作她最強烈的感情。她的其它道德特性自然是與上述這些思想和心靈的美德相稱的：她有最純真的謙遜，同時又有最高尚的驕傲；她把絕對的純潔與忠誠給予適於接受的人；她蔑視卑鄙和懦怯的行為；她對殘暴、專橫、不忠或不信的行為和品性表示最強烈的憤慨；她又能明確區分「本性惡行」與「犯禁的惡行」的界線，即把感情和品性的惡行和僅僅違犯好的或壞的習俗的行為區別開來，而這種違犯行為（不問其對錯）又是那些在別方面令人可敬可愛的人們所難免的。

能與一個具有這些優良品性的人，作精神上的交流，當然對我的發展有非常有益的影響。雖然這種影響是逐步增強的，過了許多年，她的心靈進步和我的心靈進步最後才達到完全契合的伴侶關係。我從中得到的好處比我希望給予的要多得多。雖然對她來說，她的思想見解首先是透過強烈感情性格所具有的精神直覺獲得的，但是無疑也能從一個依靠學習與推理取得許多同樣收穫的人那裏，得到一定的幫助與鼓舞。在她知識迅速增長過程中，無論什麼事通過她的心智活動都變為知識，像從其它來源吸收資料一樣，這種活動無疑也從我這裏吸取了許多資料。我從她那裏得到的益處，甚至是知識上的，幾乎不勝枚舉。這裏簡單說幾句，希望讀者能有一些雖然是不完整的概念。

像所有最優秀和最聰明的人一樣，那些對人類目前生活狀況感到不滿和執意進行激烈改革的人，其思想可分為兩個主要領域：一個是最後目標領域，它的構成要素是人生可實現的最高理想；另一個是直接有用和實際可得的領域。在這兩個領域裏我從她教導中得到的比從其它地方得到的總和還多。老實說，真正的確實性就存在於這兩個重要的極端領域。我自己的能力卻完全處於不肯定的不穩固的中間領域裏，那就是處在理論或者處在倫理和政治科學裏。關於這兩種學科的結論，不論我以何種形式接受的或是創造的結論（包括政治經濟學、分析心理學、邏輯學、歷史哲學或其它學科）都應該深深感謝她，因為我從她那裏學會一種聰明的懷疑態度。這種態度不會阻止我認真地運用我的思考能力去探索可能取得的結論，卻會保障我在思辨性質沒有證實時不以過度信心確認或宣布這些結論。同時還使我的內心不但準備隨時接受而且急於歡迎和熱切尋找（甚至在經過我深思熟慮的問題上）更清楚的概念和更完善的證據。人們認為我的著作比大多數同樣善於大量概括的思想家的著作有較多的實用性，因而我常常受到稱讚，其實我應得的稱讚只有一部分。那些被稱讚的有實用性的著作不是我一個人思考的產物，而是兩人合作的結果，其中一個人對當前事物的判斷和認識是非常切於實際的，對預測遙遠未來是高瞻遠矚和大膽無畏的。

但是在這個階段，這個影響只是幫助我形成未來性格的許多影響之一。我可以這樣說，甚至在這個影響成為我心智發展的指導原則後，它也沒有改變我發展的方向，只是促使我更加勇敢同時更加小心地在原來道路上向前邁進。我思想方式上發生的唯一的劇變已經完成。我的新思想趨向在某些方面還必須加強，在另一些地方須要節制，但是尚未來到的唯一實質性的思想變化只有政治方面，此種變化其一是，關於人類最終前途更加接近於有限度的社會主義，而另一是，我的政治理想從民主黨人普遍理解的純粹的民主政治轉向修改過的民主政治。後一形式我在《代議政治論》（*Consideration on Representative Government*）中有所闡述。

這個最後的變化，過程緩慢，最早開端可以追溯到我閱讀（應該說研究）托克維爾先生的《美國民主政治》（*Democracy in America*）的時候（此書剛問世我立即得到一本）。在那本享有盛名的著作裏，把民主政治的優點說得這樣確切這樣具體，其程度為我一向所未知，甚至也沒有聽到最熱情的民主主義者說起過。同時書中對多數人統治的民主政治周圍的具體危險也同樣闡發無遺，分析透徹。作者提出這些危險並非否認民主政治是人類進步中不可避免的後果，而是指出民主政治的弱點，同時指明保衛民主政治的各種方法和必須增添的糾正措施，藉以充分發揮民主政治的有利條件，抵消或減輕不利於民主政治的種種因素。於是我準備仔細地研究這個政治理論，從此時起我的思想越來越與書中的理論相接近，雖然我後來實際政治信念的修正要經過許多年頭，這只要比較一下我一八三五年對《美國民主政治》的評論和一八四〇年收在再版《論述與討論》中的第二篇評論以及《代議政治論》中的最後一次評論，就可以明白了。

在一個附帶問題上我從研究托克維爾著作中也得到很大好處，這就是中央集權的根本問題。他對美國和法國經驗所作的有力的哲理分析，使他得出這樣一個結論：即最重要的是，凡能安全地由人民管理的社會集體事業，儘可能讓人民自己去管理，政府行政機關不要干預，政府既不要包辦代替，也不要任意指揮。他認為此種由市民參加的實際政治活動，不但是鍛煉人民社會感情和實際管理才能的最有效辦法，這種感情和才能對人民說來極為重要，對良好政治說來必不可少，而且是克服民主政治某些特有弱點的具體辦法，和保護民主政治不墮落為專制政治的必要手段，而專制政治是現代世界上真正的危險（由政府機關的首腦對分散的人民大眾的獨裁統治），可能形成人人平等、個個奴隸的局面。當然，在海峽的不列顛一邊不至於立即發生這種危險，在那裏十分之九的國內事務不像別國那樣逐漸隸屬於政府，而由獨立於政府的機構管理；在那裏中央集權不論是過去和現在都受人們譴責和歧視；那裏對政府干預的戒備已發展為盲目的感情，這種感情甚至使立法機關不能發揮最有益的作用，以糾正假公濟私和毫無遠見的地方寡頭在地方自治的美名下，因把持地方利益所造成的種種弊害。但是公眾越是錯誤地反對中央集權，理論改革家難免陷入相反錯誤的危險就越大，他們忽略了他們沒有經受過的痛苦的禍害。在這個時候，我本人積極為保衛一些重要措施而努力，如一八三四年濟貧法修正案，我反對以反中央集權偏見為基礎的缺乏理性的叫囂。如果沒有托克維爾著作對我的幫助，我不知道會不會像以前許多改革家一樣，輕率地過分地反對我國盛行的這種叫囂，並以攻擊此種偏激行動為自己的任務。實際上，我小心地處於兩種錯誤之間，不管我是否能在這兩者之間正確的地方劃出一條界線，至少我堅持同樣強調兩方的弊端，同時把如何調和兩者優點的方法，視為一個須加認真研究的問題。

與此同時，經過改革的議會舉行第一次選舉。議會中選進我的幾個最著名的激進派的朋友和熟人，如格羅特、羅巴克、布勒、威廉．莫爾斯沃思、約翰和愛德華．羅米利以及另外幾個人；此外沃伯頓、斯特拉特等人原來就是議會議員。這些人自認為是哲學激進派，朋友們也這樣叫他們，現在看來他們所處的地位比以前任何時候更有機會發揮其抱負，而我和父親對他們寄以厚望。可是我們的希望注定要落空。從他們在議會裏投票情況來看，儘管經常遭受挫折，這些人是誠實的，忠於自己的信仰。當議會中提出不符他們宗旨的臭名昭著的提案時，如一八三七年的愛爾蘭鎮壓法案或加拿大鎮壓法案時，他們勇敢地站出來，敢於面對任何仇視和偏見，絕不背叛正義。但是整體來說，他們在促進他們的理論上沒有什麼成績；他們缺乏進取精神，缺乏積極主動性；他們把議會裏激進派的領導權讓給休謨和奧康內爾等老一輩議員。他們中間與眾不同的是一兩位年輕人，例如羅巴克的行為就值得人們永遠懷念，在他進入議會第一年就提出由議會發動國民教育運動（由布魯厄姆先生首先提出，未獲成功，由他再次提出）；爭取殖民地自治也是由他首先發起的，他孤軍作戰了多年。其他人，甚至頗孚眾望的人，也沒有作出能與這兩件相媲美的事情。現在，平心靜氣回憶起來，我理解那些人並不像我們當時想像的那樣糟糕，實際是我們對他們的希望太高了。他們當時的處境很不利。他們正處在十年間不可避免的反動思潮之中：當時改革的激情業已消退，公眾真正渴望的一些改良立法已迅速實現，權力重又傾向它的自然方向，即回到那些主張維持現狀者手中，此時公眾心理願意休息，自休戰以來比任何時期更不願意聽人擺布，而願把議會改革時期的激情，投人為新事物進行的新的活動之中。當全國處於這種狀態時，本來需要一個偉大的政治領袖，根據議會的討論，實行真正偉大的事業，事實上沒有人可以承擔這個任務，這能責怪誰呢？父親和我曾希望出現有能力的領袖，有幾個既有哲學修養又有實際才能的人，他們本來能夠盡心培植願意與他們一起工作的許多年輕人或不怎麼著名的人成為有用之才，使他們各盡其才，向公眾提出進步的政見；他們本來能夠把下院作為講座和教壇，以此教導和鞭策國民思想；他們能夠或者迫使輝格黨人接受其政治見解，或者從他們手中奪取改革派的領導權。我想要是父親在議會裏的話，那裏就會有這樣的領袖。由於缺乏這樣的人，受過理論教育的激進派人只能成為輝格黨的左派。現在回想起，我當時認為倘若激進派人正常地發揮他們的理論威力，完全有成功的可能。帶著此種強烈而誇大的想法，從那時起到一八三九年，我努力運用個人對他們中幾個人的影響和運用我的筆頭向他們宣傳我的思想和目的。我的工作對查理．布勒和威廉．莫爾斯沃思爵士有點成效，他們兩人做了很有價值的工作，可是令人失望的是他們剛開始工作就離開了議會。我的努力看來沒有起作用。要找一個機會繼續此項任務，我必須有一個不同的地位。此項任務只有本人在議會才能進行，才能與激進派議員一起每天商討問題；才能由本人掌握主動，不必勸別人去領導，由自己向他們發出號召。

凡是能靠筆桿子做的事我都做了。一八三三年我繼續和方布蘭克一起為《檢查報》工作，此時他正為激進主義、為反對輝格黨內閣熱情地戰鬥著。在一八三四年議會開會期內，我為福克斯先生創辦的雜誌《每月彙刊》，以報紙文章形式寫時事評論（使用《報紙評論》為標題）。福克斯是個有名的宣傳家和政治演說家，後來由奧德姆地方選入議會。我新近與他相識，主要為了他的緣故，我為該刊寫稿。除了上述稿件外，我還在這個刊物上寫了幾篇別的文章，其中最重要一篇論詩歌的理論收入我的《論述與討論》裏。一八三二到一八三四年我發表的文章，除登在報上者外，加起來有一大卷。其中包括幾篇關於柏拉圖《對話》的摘錄。附有介紹性文章，它們是幾年前寫就的，雖然到一八三四年才發表。我後來在不同情況下發現，這些文字的讀者比我此前其它著作的讀者要多得多，因這些文字而知道我這個作者的也比其它著作為多。關於這段時間的全部著作，還要提一提一八三三年應布爾沃之請所寫的評論邊沁哲學的文章。布爾沃此時剛寫完《英國和英國人》，在當時，這本書的思想遠遠超越群眾的接受水平。他把我這篇文章的一小部分合併在該書的正文裏，把其餘（標上鄭重的致謝）作為附錄。在這篇文章裏，對被認為完整哲學的邊沁理論，我在指出它的優點的同時也提出他理論中的缺點，在書籍中出現這種批評在當時還是第一次。

不久我得到了一個機會，它使我有力量向「哲學激進派」提供比以往更有效果的幫助和刺激。父親曾和我偶爾談起，有時還和幾位常到他家作客的議會中的以及其它激進派人士談起一項計劃，打算創辦一份定期出版的哲學激進主義的機關刊物，以承擔原來打算由《威斯敏斯特評論》擔負的任務。計劃已進行到討論預期的資金來源和挑選一位編輯的問題。但是計劃擱了一段時間沒有行動。到一八三四年夏天，威廉・莫爾斯沃思爵士（他是一位勤奮的學者和精確的形而上學思想家）自動提出創辦一份刊物，只要我同意擔任實際編輯，即使不掛名，他便願意以筆桿和錢袋幫助這項事業。這個建議是難以拒絕的，刊物就辦了起來，開始時刊名定為《倫敦評論》，後來莫爾斯沃思從湯普森將軍那裏購入《威斯敏斯特評論》，他把兩刊合併，改稱《倫敦和威斯敏斯特評論》。

一八三四到一八四〇年間，編輯這份刊物占去我大部分業餘時間。開始階段，總的說來該刊完全不能代表我的政見，我必須向共事者作許多讓步。《評論》的建立原是作為「哲學激進派人」的代表，可是他們中大多數人在許多重要論點上與我有分歧，而我在他們中間算不得最重要的一分子。我們一致認為取得父親的合作是必不可少的，他為此刊物寫了大量文章，直到最後一次染病時才終止。他的文章的題材和文章中表達思想的力量與果斷，使《評論》在早期帶有他的論調與色彩，遠比其它作者為多。我對他的文章不能行使編輯、取捨和刪改之權，有時不得不犧牲我的一部分意見而屈從他的見解。於是舊《威斯敏斯特評論》的理論經少許修改就變成新刊物的主旨。但是，我希望在登載他的文章的同時也能介紹別的思想和另一種論調，這樣我和我們這一夥人的意見也有發表的相當機會。為了達到這個目的，我想出一個特殊的工作方法，就是在每篇文章上標明作者姓名的第一個字母或其它筆名，以表示這篇文章的見解完全出自作者個人；編輯只負責保證其有刊登價值和不違反《評論》創辦的宗旨。此時出現一個良好的機會，於是我選擇題目寫了一篇論文，以實行調和新舊「哲學激進主義」的計劃。在自然科學某個領域享有盛名的、但不該闖入哲學領域裏來的塞奇威克教授，新近發表了一本《論劍橋學》（*Discourse on the Studies of Cambridge*），此書最突出的一點就是，表面上以抨擊洛克和佩利為形式，其實任意地攻擊分析心理學和功利主義倫理學。這件事大大地激怒父親和別的一些人，我認為他們生氣是完全合理的。我想到，乘此機會寫一篇論文，既擊退不公正的攻擊，同時在保衛哈特利主義和功利主義時，插入我的關於這些問題看法的許多與我舊同仁完全不同的理論。這件工作獲得部分成功，但是由於我與父親的關係，無論如何若在此時把對此問題的全部見解傾洩無遺必將使我感到痛苦，要在他寫稿的《評論》上說出我的全部見解更不可能。

但是我往往認為，父親對我所持與他不同的思想方式不致於（像看來那樣）抱太大反感；他那種不自覺地誇大知識爭論重要性的想法，使他對自己見解的評價不免褊狹；當他在眼前沒有對手獨自思考時，他會願意接納他原來似乎要否定的大量真理。我常常觀察到，他實際上在考慮大量似乎與他的理論不符的東西。大約就在這個時候他所寫的《略論麥金托什》出版了，雖然我十分欽贊其中某些部分，但總的說來我讀後覺得痛苦多於喜悅。過了許久，我再次讀它，我覺得書中很多我認為不恰當的東西，雖然我對他嫌惡麥金托什的冗詞瑣語表示同情，但是他的嚴厲態度不但不夠審慎，而且有失公平。當時我認為有一件事是個好徵兆，就是他對托克維爾的《美國的民主政治》一書甚表好感。確實，他對托克維爾書中說到的民主政治的優點比書中所談的弊端講得更多，想的也更多。而且，他對於這本書——無論如何在處理政治問題的方式上幾乎與他相反，完全用歸納法和分析法，而不是純粹三段論推理法——的高度評價給我很大鼓舞。他還讚美我登載在兩份《評論》合併後出刊的第一期上的文章，這篇論文以〈文明〉為題，後來收集在我的《論述與討論》裏，在此文中我發揮了許多新的見解，並以肯定不是從他那裏學來的理論和方式，十分激烈地批判當時的思想和道德傾向。

關於我父親思想的未來可能的發展，關於在傳播我們思想中他和我永久合作的可能性，根據推測注定是要中斷的。在一八三五年全年中，他的健康每況愈下，他的症狀明顯地看得出為肺癆，困難地度過最後衰竭的階段後，終於在一八三六年六月二十三日與世長辭。他臨終前幾天，神志清醒智力不衰，對他生平感興趣的人和事依舊很關心；死期臨近也絲毫沒有動搖他對宗教問題的信念（如此堅定的思想不可能發生動搖）。他自知末日已近，他的主要安慰似乎是想到他為爭取改造世界所做的工作，而他主要遺憾的是天不假年。沒有時間做得更多一點。

他在我國文學史上，甚至在我國政治史上占有一席崇高的地位。人們很少提到他，與一些遠不如他的人物相比，他很少為人懷念，這種情況對於從他那裏得到好處的這代人來說，是極不體面的事情。這也許主要由於兩種原因：首先，人們對他的景仰大部分湮沒在邊沁理所當然享有的更高的聲譽裏。可是他絕對不僅僅是邊沁的追隨者或門徒，確切地說，他是他那個時代最有創見的思想家之一，他還是一位最早重視和吸取上一代人創立的大量最重要思想的學者。他的思想與邊沁的思想基本上屬於不同的結構。他沒有邊沁的全部長處，同樣邊沁也沒有他的全部優點。當然，稱讚他為人類做出與邊沁同樣宏偉的貢獻是可笑的。他沒有偉大地徹底改變或者創造人類思想。但是，撇開他工作中得益於邊沁的那部分不談，只考慮邊沁未曾涉足的部分，那麼他的成就（如分析心理學方面的成就），後人也應該認識到，在這最重要的、為所有道德學和政治學最終所依賴的思辨學科方面，他是一位最偉大的人物，而父親的成就標誌著這個學科發展的一個重要階段。另一個使他未能獲得應有聲譽的原因是，儘管他有大量理論（部分由於他自己的努力）為人們普遍接受，但是總的說來，他的精神與時代精神之間有一種明顯格格不入的東西。正如布魯圖斯被稱謂最後一個羅馬人一樣，他可以說是最後一個十八世紀的人。他帶著十八世紀的思想感情進入十九世紀（雖然並不是毫無修正與改進），對作為十九世紀上半葉重要特徵的、對十八世紀的反動的影響，不論是好的還是壞的他都沒有接受。十八世紀是個偉大的時代，是產生許多堅強而勇敢的人的時代，他就是最堅強最勇敢者中的一個。他的著作和個人影響使他成為他那一代人的中心。在他後來一些歲月中，他是英國激進知識分子的泰斗和導師，和伏爾泰是法國哲學界的泰斗和導師一樣。就他的巨著《印度史》的主題來看，他是健全政策的創導者，這一點只不過是他一生中小小功績之一。他不論寫什麼題材，莫不具有豐富的寶貴思想。除了一開始很有用的《政治經濟學要義》（現在已完成了它的任務），此外，他的任何著作要經過許多年代才會被別人的著作所取代，或者才不再作為能啟迪這門功課的研究者的讀本。他的智力和品性有感化他人的信念和宗旨的力量，他又能努力使用這種力量促進自由與進步，以這種力量與努力來說。就我所知，可以說男人中沒有人能與他相提並論的，但在婦女中卻有一個。

雖然我確實知道，在他超群出眾的才德方面，我是望塵莫及，但我現在必須嘗試一下，沒有他，我可能取得何種成就。《評論》是我主要希望所在，我要利用它在具有自由與民主思想那部分公眾中產生有效的影響。失去父親的幫助，同樣也免除了他的束縛和節制——這是得到他幫助的代價。現在我覺得，沒有任何別的激進派作者或政界人物我必須犧牲自己的主張以表示順從。莫爾斯沃思既然完全信任我，我決定以後儘量多發揮我自己的見解和思想方式，並儘量接納同情我認為的進步事物的作家的稿件，不惜因此失去我先前同夥們的支持。從此以後，卡萊爾的文章經常出現在《評論》上，不久斯特林也時有稿件發表。雖然所刊載的每一篇文章還是作者個人思想感情的表達。但是總的論調大致上與我的思想相距不遠。至於《評論》的經營工作，我與一位名叫羅伯遜的蘇格蘭青年合作。此人有能力與見識，一定十分勤勉，頭腦靈活而有計劃，他想出各種的辦法擴大刊物的銷路，我對他在這方面的能力寄予厚望。因而到一八三七年初，莫爾斯沃思因刊物虧本不願繼續經營，急欲丟棄這個雜誌時（他的確盡了很大力量，並虧損不少錢財），我非常魯莽地不顧自己的經濟利害，也由於對羅伯遜才能的信賴（他的計劃未經很好試行）便決定把刊物繼續由我冒險辦下去。他的計劃是不錯的，我沒有理由改變我的這種看法。但是我相信，任何創辦宣傳激進和民主主義雜誌的計劃都不會有能力支付它的費用，包括一位編輯或助編的工資和比較豐厚的稿酬。我自己和幾位經常撰稿人仍如在莫爾斯沃思主持時一樣不支報酬，但是對要付稿費的投稿人，還得按照《愛丁堡評論》和《每季評論》一般標準給予酬勞，根據目前刊物銷售收入看來，付不出這筆費用。

在一八三七年當年，就在我忙於這些事務的同時，我重新著手寫《邏輯學體系》。自從上次寫到歸納法時把它擱下以後，有五年時間沒有接觸這個題目。我逐漸發覺，要克服寫這個題目的困難，所需要的就是對整個自然科學全面而精確的理解。我怕為彌補這個缺陷需要一個很長的學習過程。由於我不知道讀什麼書或者什麼指南才能使我懂得各種科學的一般原則和方法；我知道我沒有別的選擇，只能從各種各樣書本裏，盡我所能，自己去吸取知識。幸運的是休厄爾博士在這年年初出版他的《歸納科學史》（*History of the Inductive Sciences*）。我如飢似渴地閱讀它，發現其中講到的幾乎就是我需要的東西。書中關於哲學理論部分有很多（如果不是大部分）並不正確，但是它有大量資料可以供我進行思考。同時作者提出的那些資料已經經過精細的加工，這樣我以後的工作就便利簡單得多了。我獲得了我所渴望的東西。在休厄爾博士著作引起的思想的推動下，我重讀赫謝爾的《自然哲學研究討論》（*Discourse on the Study of Natural Philosophy*），這本書給了我很大的幫助，使我能衡量自己知識的進步程度，雖然幾年前我讀它，還復習過，但得益很少。這次我勤勉地在思想上著作上解決這個問題。為了做這項工作，我不得不撇開其它緊要事務，抽出時間。這時，我在編輯《評論》間隙正好有兩個月空閒。在這兩個月中我寫下大約三分之一的《邏輯學體系》的初稿，這是全書中最困難的三分之一。我估計五年前寫的也占三分之一，所以未完成的也只有三分之一了。這次我寫的包括推理原理未完成部分（即連續推理的理論和論證科學）和論歸納法這卷的大部分。當這些寫就時，在我看來我已經把真正的死結解開，完成全書只是時間問題了。做到這個程度，我又不得不把它暫時擱置一下，為下一期的《評論》寫兩篇文章。寫完論文我又繼續寫書，此時我第一次偶然讀到孔德的《實證哲學教程》（*Cours de Philosophie Positive*），或者應該說讀到那時已經出版的該書的頭兩卷。

在讀孔德著作之前，關於歸納法的理論我基本上已經寫就。我寫歸納法的路子和他的路子不同，這也許是件好事，因為結果是，我的論文裏包含了他肯定沒有提到的成分，即把歸納方法縮為嚴密的法則和科學的試驗，例如用三段論法進行推理。孔德在調查研究方法上總是精密和深刻的，但是他甚至不想對論證的條件下一個確切的定義。從他的著作看來，他在關於這些問題上從來沒有一個合理的概念。然而這正是我研究歸納法時特別提出來的問題。儘管如此，我還是從孔德著作中得益良多，因而使我後來重寫的幾章大為生色；對我尚待思考幾章中的某些部分更有重大幫助。在他以後幾卷陸續出版時，我都貪婪地閱讀，可是，在他談到社會科學問題時，我的感覺發生變化。第四卷使我失望。這卷包括他對社會問題的見解，我極不贊成。可是第五卷所包括的連貫歷史觀，卻重新燃起我的熱情。第六卷（即末卷）仍有使我鼓舞的力量。單從邏輯觀點來看，我受益的主要是「逆演繹法」的概念，它主要適用於複雜的歷史和統計題材。逆演繹法不同於普通的演繹法，它不是運用一般的推理得出結論，也不是使用特殊的經驗（如自然科學演繹法中的自然程序）證明結論，而是以特殊經驗來校核以得出一般性結論，然後斷定此結論是否符合已知的一般原理，並加以證實。我在孔德書中發現這個方法時，它對我完全是嶄新的概念。倘若沒有他的著作，我也許不會很快（可能永遠不會）懂得這一點。

我在與孔德有交往之前，早就是他的著作的頌揚者。他本人我始終未見一面，但與他保持通信數年，一直到後來發生爭論，雙方的熱情冷下來為止。是我首先疏於給他寫信，是他首先終止與我通信。我發覺，也許他同樣發覺，我對他的思想沒有幫助；而他所能給我思想的好處完全透過他的著作給我了。如果我們間的分歧只在簡單的理論上，絕不會導致彼此斷絕交往；可是我們之間有分歧的主要論點與我們兩人的最強烈感情交織在一起，決定我們願望和嚮往的整個方向。我完全同意他的見解，即大多數人（包括他們實際生活的統治者）出於實際需要在政治和社會問題上（與在自然科學上一樣）必須接受權威人士的大部分意見，後者在那些問題上比一般人有更多的研究。在我提到的孔德早期著作裏，這個論點給我深刻印象。在他的偉大論著中，最使我傾心的是他出色的論述：歐洲現代國家在歷史上從中世紀時期的政教分離和教會權力的獨特組織方面所得到的好處。我也同意他這種說法，即一度由教士把持的道德上和知識上的優勢，只要哲學家的意見充分一致，在其他方面看也值得占有此種優勢，那麼此種優勢一定會及時轉入哲學家手中，而且會自然形成。但是，他誇張這種思想路線能變成實際制度，這個制度要把哲學家組成一種等級制度的集體，賦予幾乎與過去由天主教會掌握的相同的最高精神權力（雖然不包括世俗權力）；我發現，他將此種精神上的權威看作良好政治的唯一保證，看作反對社會壓迫的唯一堡壘，並希望有了此種權威，國家的專制制度和家庭的專制主義就變為無害有益的東西。我與他在邏輯學上見解是一致的，由於他的這種主張，我與他作為社會學家就只能分道揚鑣了，這不足為奇。孔德生前不遺餘力貫徹這些理論，在其最後一部著作《實證政治學體系》（*Systeme de Politique Positive*）裏，設計了精神與世俗專制的最完全的制度，其完全程度只有伊格內休斯・洛約拉理論可以比擬。在他設想的制度裏，由精神導師和支配者的團體，利用普遍輿論的壓力，駕馭任何行為，在人力可能範圍內，控制社會每一個成員的每一種思想和每一件事情，不管事情僅與個人有關或涉及他人利益。應該公平地指出，這本書在許多感情問題上比他以前作品有改進，但是，作為社會哲學上的新見解，在我看來唯一的價值是，不再認為沒有宗教信仰的幫助就難以維持道德權威對社會的有效統治。儘管孔德的著作除了對人文主義的信仰外不承認任何宗教，可是它仍使人難以抗拒地相信：全社會一致承認的道德信仰可以用一種難以想像的力量和潛力，來影響每個人的行為和生活。這本著作可以說是對社會學家與政治學家的一個重大的警告：如果人們一旦在思維中忽視自由與個性的價值，將發生何等可怕的情景！

回過頭來談我自己。在一段相當長時間裏，編輯《評論》幾乎占去了我可以用於寫作或思考的全部時間。我為《倫敦和威斯敏斯特評論》寫了不少文章，後來收集在《論述與討論》的還不到當時所寫的四分之一。在指導《評論》的方針上我有兩個目的。一個是不使哲學激進主義被指責為宗派性的邊沁主義。我希望，在保持措辭嚴正、含義確切、排除慷慨陳詞泛泛而談的文風（這些是邊沁和我父親值得尊敬的寫作特色）的同時，一方面使激進派的思想有更廣闊的基礎與更自由和更溫和的特點，另一方面表明，除了承認和吸收邊沁的有永久價值的一切以外，還存在一種比邊沁的哲學更優良更完全的激進哲學。這第一個目的我在一定程度上達到了。另一個目的是，我試圖把議會內外有學問的激進派人士發動起來，引導他們成為一個有能力管理這個國家的強大政黨（我認為如果方法得當是有可能的），或者至少能提出條件與輝格黨分享政權。這個企圖從一開始就是幻想，部分由於時機不利：社會改革熱情正處於低潮，而保守黨積貯的勢力日趨強大；但更主要因為——正如奧斯丁所說的：「這個國家裏尚無此種人物。」議會裏的激進派人中有幾位夠條件做一個起作用的激進黨員，但是，沒有人能夠組織和領導這樣一個政黨。我對他們的勸告得不到反應。有過一次機會，那時激進主義似乎能施展大膽而成功的一擊。德拉姆勛爵，據說因內閣成員不能充分發展自由主義而退出內閣，他以後接受政府托付調查和解決加拿大反叛原由的任務。他在出發前就表示有意請一批激進派人作顧問。他最早擬定的一個解決辦法在意圖和效果上都不失為一個好辦法，可是受到本國政府的反對，被完全否定，他辭去職務，公開站在與政府爭吵的地位。這個重要人物，他既受保守黨憎恨，新近又被輝格黨傷害，激進黨正可以推他為黨的領袖。任何人如果具有政黨策略最基本觀念，面對這樣一個機會肯定會有所行動。德拉姆勛爵受各方面猛烈攻擊，受敵方痛罵，被膽小朋友遺棄，而那些願意保護他的人又不知道該說些什麼。他似乎是一位敗將和受辱的人。我對加拿大事件從開始起就很注意，我是他的支持者，我幾乎完全贊同他提出的政策，我為他的政策辯護。我寫了一篇宣言發表在《評論》上，旗幟鮮明地為他說話，不但為他的無辜辯護，而且給予高度的稱讚和榮譽。接著另一批作家也同聲附和。不久，德拉姆勛爵曾客氣地對我說，他返回英國時受到凱旋式的歡迎，應歸功於我寫的那篇文章。我相信他這話有幾分是事實。我相信我的文章正適時，在緊要關頭，它確實起決定性作用；正如高高頂上的一塊石頭，輕輕一撥能決定它滾向這一邊還是那一邊。寄託在作為政治家德拉姆勛爵身上的全部希望落了空，但是在關於加拿大和殖民政策上，我們的事業是有收穫的。在韋克菲爾德鼓動下由查爾斯·布勒起草的德拉姆勛爵報告，開始了一個新的時代，這個報告所建議的，加拿大完全內部自治在二、三年內全部實現，此後這種趨勢擴展到幾乎所有由歐洲民族開拓的已形成重要社會的殖民地。我可以說，在至關緊要時刻，我成功地維護德拉姆勛爵及其顧問們的聲譽，對這個結果的促成有相當貢獻。

我負責《評論》編務時發生的另一件事同樣說明採取迅速行動的重大作用。我相信，我在《評論》裏評介卡萊爾《法蘭西革命》（*French Revolution*）的文章，有力地促使這本書很快受到社會重視並獲得卓著聲望。緊接此書出版，在平凡膚淺的批評者——此書蔑視這些人的評價標準和方式——還來不及使公眾先接受他們的否定的意見之前，我就發表對此書的評論，稱讚它是天才之作，它超越所有的通則，它本身就是法則。不論在這件事上還是在德拉姆勛爵那件事上，我並不把我的寫作所引起的社會印象看作我寫作技巧的特殊功績。的確，在這兩件事例中，至少有一件（關於卡萊爾著作）我認為我寫得並不高明。在這兩件事例中，我深信，任何人處在刊物編輯的地位上，只要他在同樣的關鍵時刻發表同樣的見解，並為辯護對象的正確立場作一番闡述，也可以產生同樣的效果。可是，在我想利用《評論》賦予激進政治新生命的希望全部落空以後，回顧在這兩件事例中，我曾真誠地為值得我幫助的人與事直接貢獻力量，我就感到高興。

建立激進黨的最後希望消失後，該是停止為《評論》花費我大量時間和金錢的時候了。我利用這份刊物作為我發表見解的場所，在一定程度上達到了我個人的目的。我得以發表我許多經過變化的思想方式，以顯著的形式擺脫早期作品中狹隘的邊沁主義。這一點在我的全部文章包括純文學作品在內的一般論調中，都清楚地表現出來，而在兩篇試圖評價邊沁和科爾里奇哲學觀點的論文中，表現得特別清楚（兩文收集在《論述與討論》裏）。前一篇在全面公正地稱讚邊沁著作的優點的同時，指出我所認為的他的哲學中的錯誤和缺陷。這個批評的主旨我至今還認為完全正確，但是我有時懷疑在那個時候把它公諸於世是否正確。我時常覺得，作為推動進步的工具的邊沁哲學，在它發揮作用之前在一定程度上就使人產生懷疑；促使它的聲望降低，對社會改良是害大於益。但是，現在對邊沁主義好的方面發生反動的反動時，我對自己指出他缺點的批評感到稍為心安，特別因為我在指出他缺點同時，也提出邊沁哲學基本原則的正確性。我提出他優點與缺點的文章，收在同一本集子裏。在評價科爾里奇的論文裏，我試圖刻畫出歐洲對十八世紀消極哲學的反動。如果只考慮這篇論文的效果，人們或許會說我不恰當地片面誇張他的優點，正如我片面誇張邊沁的缺點一樣。在對這兩個人的評價中，促使我與邊沁的理論中和十八世紀理論中站不住腳的論點相決裂的動力，可能已把我帶到相反的極端（雖然主要在表面上，不在實質上）。但是就評科爾里奇這篇文章而論，我的辯護是，我的文章是為激進派和自由派人士而寫的，詳談他的優點是我的職責，從另一個學派的作家身上，從這一派的知識中，激進派和自由派人士可以取得極大的進步。

刊登評科爾里奇文章的那一期《評論》，是我主辦這份雜誌時期出版的最後一期。一八四〇年春季，我將《評論》出讓給希克森先生，他在我辦理此刊時已是一位不取稿酬的經常撰稿人。出讓的唯一條件是刊物恢復原來的名稱《威斯敏斯特評論》。希克森先生用這個名稱辦理此刊長達十年，他的辦法是將《評論》的純收入，分攤給投稿人，他自己寫稿和編輯的勞力完全盡義務。雖然稿費低很難爭取撰稿人，但他能夠在一定程度上保持《評論》作為鼓吹激進主義和進步的喉舌，確實值得高度讚揚。我沒有完全停止為《評論》寫稿，只是時斷時續寫一些，也不是專為它寫稿，因為此時銷路較大的《愛丁堡評論》也向我邀稿，而我覺得，在有意見要發表時，這份刊物是適當的工具。這時候《美國民主政治》最後幾卷剛剛出版，我就以評論該書的文章開始成為《愛丁堡評論》的撰稿人，此文後來就是《論述與討論》第二卷的第一篇。

注釋

①此人是弗勞爾女士。——譯者。

第七章 1840年——1870年

我此後的生活概況

從此時起，我生活中值得一談的事情，其範圍就相當狹窄了，因為我的思想沒有發生進一步的變化，只有不斷的進步，這是我所希望的。思想的進步難以作連續記述，讀者最好到我的著作裏去尋找。因此，對以後年代裏事情的敘述將大大壓縮。

離開《評論》以後的所有業餘時間，我首先用來完成《邏輯學體系》。一八三八年七、八月間，剛有一段空閒時間用於續寫該書第三卷初稿的未完成部分。在寫那些既不是因果律、也不是因果律必然結果的自然規律的邏輯理論時，我認識到「種類」是自然界的實在，並非人們為了方便而設的「區別」。這個新的道理我在寫該書第一卷時尚未發覺，於是有必要對那卷書中的幾章加以修正和擴充。《論語言和分類》一卷以及《論謬誤分類》那一章是在同年秋季完稿的，其餘部分則到一八四〇年夏季和秋季才完成。一八四一年四月到年底，我利用所有空閒時間，把全書從頭改寫一遍。我所有的著作都是這樣寫成的。經常至少要寫兩遍，先把全書初稿全部寫好，不使有任何遺漏，然後再全部重新改寫一遍，改寫時把初稿上合乎我意圖的所有字句全部收入第二稿上。我發覺寫第二稿的辦法好處很大。比別的寫作方式都好，因為它既保持初稿構思時所用的新穎和有力的概念，又能在以後長期思考中做到更加精確和全面。此外，就我的情況來說，我覺得一旦把整個主題寫了出來，把要論述的實質性內容用某種方式（不管如何不完整）已經寫在紙上，那麼耐心地用在文章細節和表達上的細緻推敲所必需的力量就不是太大了。在初稿中，我加意留心、盡力以求完善的唯一事情就是文章的布局。如果布局不好，貫串思想的線索就會錯亂，這種聯接不當的思想，是無法使用合適的方式加以陳述的，布局錯誤的初稿，幾乎難以作為最後加工的基礎。

正在我改寫《邏輯學體系》時，休厄爾博士的《歸納科學哲學》問世。對我說這是一件大好事，因為它帶來了我所深切盼望的東西，即我的反對派對這個主題的全面論述；它使我在向反對派辯護我的論點，或與反對派相抗衡時，能提出更加清晰、突出和更加全面、靈活的概念。與休厄爾博士的爭論意見以及從孔德那裏得來的許多資料，我在改寫《邏輯學體系》過程中第一次寫入此書。

一八四一年末，此書準備付印。我把它交請默里出版，原稿在他那裏擱了很長一段時間，以致錯過出版季節，結果他把它退了回來，說了一些可以一開始就說的理由。他的拒絕並不使我懊喪，我把稿子交給帕克先生，由他在一八四三年春季出版。我原先對此書不抱什麼成功的希望。雖然，惠特利大主教已經恢復使用邏輯這個名稱，並恢復對推論的形式、規則和謬誤進行研究；雖然休厄爾博士的作品開始使公眾對我此書所論主題的另一部分——歸納法理論——感到興趣；但是，很難希望一篇論述如此抽象題材的專著會受人歡迎。它只適合研究人員閱讀，而研究這個主題的人員不但人數很少（至少在英國如此），而且這批人主要醉心於與我的理論相反的形而上學派、本體論派和「

天賦原理」派。因此我並不期望此書有眾多讀者或贊同者，也不期望它會產生什麼實際效果，只盼望它能保持此種我認為較好的哲學傳統，不致於斷絕罷了。唯一能激起人們立即注意此書的希望，主要寄託在休厄爾好爭辯的癖性上。此人據我在其它場合上的觀察。我認為他也許會做些什麼事情來回答對他理論的攻擊，因此很快會引起人們對此書的注意。他確實作了回答，可是遲至一八五〇年才答覆，此時正好在《邏輯學體系》第三版出版之前，我就在第三版中對他的答覆進行反駁。這樣一種書為何有如此巨大的成功？購買（我不敢說閱讀）此書的人，大部分是哪類人士？對這兩點我一直弄不懂。不過聯繫後來出現的許多證據來看，也就是聯繫起許多地方又一次興起對思辨的重視（也是對一種思辨自由的重視），尤其從大學裏對思辨的重視來看（有一段時間我對大學最不抱希望），總算部分地解答了我的困惑。我從未幻想此書對哲學理論會起多大作用。關於人類知識和認識能力的德國先驗論觀點，似乎還會繼續對我國和歐洲大陸從事此種探索的人們具有支配的力量（雖然有希望逐步減弱）。但是《邏輯學體系》提供了當時迫切需要的相反理論的教科書。此種理論認為，全部知識來自經驗，一切道德和智慧的特質主要通過聯想的途徑去獲得。我和別人一樣，對於那種認為邏輯過程的分析或可能求證的法則本身，能夠指導或校正理解行為，評價不高。這些分析和法則如與其它必要條件相結合，我確實認為有很大用處。但是，不論這些分析與法則的真正哲學有怎樣的實際價值，幾乎都不可能去誇張一種偽哲學的弊害。那種認為外在真理可以不用觀察和經驗，單用直覺和意識就能認識的觀念，我相信，在這些時間裏，給予騙人理論和不良制度以巨大的知識上的支持。在此種理論支持下，任何不知來源的頑固信仰和強烈感情就可以逃避理性的審查，因而它們便成為證明自身正確的充分證據和理由。從來還沒有人為使根深蒂固的偏見神聖化而設計出這樣一種工具。偽哲學在道德、政治和宗教上的主要力量，在於它慣於在數學和自然科學的同性質學科中取得證據的魅力，剝開這層外皮，就能把它從堡壘裏趕出去。但是事實上未曾有效地做到這一點，以致直覺學派甚至在我父親的《心理分析》問世後，看起來仍是已經出版的書籍中最有力的理論。為了闡明數學和自然科學真理的證據的真正性質，《邏輯學體系》就從直覺哲學家以前認為無懈可擊的根本問題著手，針對稱為必然真理的特殊性質，從經驗和聯想兩方面提出自己的解釋。直覺哲學家就是以必然真理為根據，來肯定它們的證據出於比經驗更深入的來源。至於我這個作法是否有效尚有疑問。要除掉深深紮根在人類成見和偏愛中的思想方式，除掉它理論上的支柱，在那時我向這個目標還只走了極短一段路；但是即使只有一步，也是必不可少的一步，因為偏見畢竟只能用哲學去戰勝它，在揭穿偏見本身並沒有哲學之前，其它辦法都不能真正永久地戰勝它。

那時，我對當前的政治，不需積極關心，我擺脫了文字職業，無需親自與投稿人等交往，因之能夠任意把社交關係限制在極少幾個人圈子裏，這對於一個過了少年虛榮心年齡的喜歡思考的人是很自然的。當時英國的一般社交非常乏味，對於塑造出這種社交場景的人來說，他們保持這種社交有其它理由，而不是為了娛樂。對有不同見解的事物作認真辯論，被人們看作缺少教養，全國缺乏活潑生氣與社交精神，難以使人們養成愉快地閒談瑣事的藝術，在這一點上，上世紀的法國人倒是高明得多。對於尚未爬上社會頂層的人，所謂社交的唯一迷人之處在於希望藉此幫助，能爬得高一點；而那些已經處在頂層的人，主要是依從習慣和他們地位的需要。對於一個思想感情極普通的人來說，除非他要利用社交達到個人目的，否則社交對他肯定毫無吸引力。因而今天大多數真正的上層知識階級參加社交者甚少，只是偶而為之，幾乎完全與社交絕緣似的。那些心智優秀的人，如果反其道而行，可以說幾乎毫無例外地受到社交的嚴重腐蝕，更不必說時間的浪費和格調的下降了。這些人在常去的社交團體中，絕口不談他們思想中的那些見解，因而對那些見解逐漸不感興趣。他們往往覺得自己的最崇高目標是不切實際的，或至少難以實現的，只不過是空想或理論。與大多數人不同，倘若有些較幸運的人還保留未受損害的崇高原則，但是關於對當時人物和世事的看法，他們也不知不覺地採取希望得到他們夥伴同意的感情和判斷的方式。一個知識高超的人絕不會進入無知識的社會中去，除非他成為拯救別人的使徒。只有具有崇高目的的人，才能安全地進入無知識的社

Net and Books 網路與書

讀者服務卡

謝謝您購買本書！

如果您願意收到網路與書最新書訊及特惠電子報：

— 請直接上網路與書網站 www.netandbooks.com 加入會員，免去郵寄的麻煩！

— 如果您不方便上網，請填寫下表，亦可不定期收到網路與書書訊及特價優惠！請郵寄或傳眞 +886-2-2545-2951。

— 如果您已是網路與書會員，除了變更會員資料外，即不需回函。

— 讀者服務專線：0800-322220；email: help@netandbooks.com

姓名：＿＿＿＿＿＿＿＿＿＿　性別：□男　□女

出生日期：＿＿年＿＿月＿＿日　聯絡電話：＿＿＿＿＿＿

E-mail：＿＿＿＿＿＿＿＿＿＿＿＿

您所購買的書名：＿＿＿＿＿＿＿＿＿＿＿＿

從何處得知本書：1.□書店 2.□網路 3.□網路與書電子報 4.□報紙 5.□雜誌
6.□電視 7.□他人推薦 8.□廣播 9.□其他

您對本書的評價：

(請填代號 1.非常滿意 2.滿意 3.普通 4.不滿意 5.非常不滿意)

書名＿＿ 內容＿＿ 封面設計＿＿ 版面編排＿＿ 紙張質感＿＿

對我們的建議：＿＿＿＿＿＿＿＿＿＿＿＿

10550

台北市南京東路四段25號10樓之1

網路與書股份有限公司台灣分公司　收

廣　告　回　信
台灣北區郵政管理局登記證
北台字第15343號

地址：

市　鄉／鎮　路　段　巷　弄　號　樓

縣　市／區　街

(請寫郵遞區號)

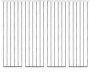

會。具有求學問願望的人，如果可能，一定得擇友而交，至少要與在知識、才智和高尚情操上與己相等，最好儘可能與更高超的人交往。倘若品格和思想是建立在人類思想中少數基本點之上，那麼在這些基本點上信念與感情的一致，在任何時候，在一個真正誠實的人看來，是值得稱道的友誼的基本條件。所有這些情況使我今天願意與之交往的人很少，願與之深交的人更少。

在我的友人中，最重要的是一位我已經提到過的無與倫比的朋友。在這段時期中她大部分時間與一個女兒同住在鄉間僻靜的地方，偶爾到城裏與她的第一位丈夫泰勒先生住在一起。我有時到鄉間，有時到城裏去拜訪她。我非常感激她那種使她能不顧種種誤解的堅強性格，當泰勒先生不在時我經常去拜訪她，我們偶爾一起旅行，這些事情原是很容易引起誤解的。不過就所有其它方面說，那幾年我們的行為光明磊落，絲毫不足以引起人們懷疑。在那段時間裏我們彼此的關係僅僅是熱烈的愛慕和誠摯密切的友誼。雖然我們並不介意社會習俗對這個完全屬於個人問題的約束，但是我們確實覺得有責任，絕對不使我們的行為玷辱她的丈夫，因而也不玷辱她自己。

在我的思想進步的第三階段裏，我的思想與她的思想是併肩前進的，我的思想在廣度和深度上都比以前進步，懂得更多事物，過去懂的東西，現在理解得更透徹。過去對邊沁主義所起的過分反作用現在完全扭轉過來。在反作用最強烈的時候，我對一般人所持的對社會和世界的尋常見解的態度變得十分寬容，更願意滿足於那些在尋常見解中出現的贊成表面的改良，不願成為一個在許多地方與之持截然不同信念的人。當時我嚴重傾向於（超過我現在能贊同的程度）暫不宣揚我思想中更有異端性的部分。現在看來，異端性的那個部分幾乎是唯一正確的東西，宜揚它才是傾向於社會的革新。此外，我們的共同見解比起我還是極端邊沁主義者的那些日子，簡直成為異端。那個時候我的目光短淺，對社會結構基本改良的可能性所看到的，不出於舊政治經濟學家看到的範圍。那時我和其它舊政治經濟學家一樣，把現在所理解的私有制和遺產制看作是立法中最終的妙語。我只懂得透過取消長子繼承權和限定繼承權以緩和由這些制度造成的不平等後果。認為糾正社會不公平除此以外還可能有別的辦法，這種觀念我當時認為只是幻想，因為不公平（不管是否允許做全面的糾正）包含這樣一個事實，即有些人生下就是富人而絕大部分人生下來就是窮人。我只希望用實行普遍教育的辦法，使人們自願限制人口，這樣一部分窮人的生活可能稍有改善，總之，當時我是個民主主義者，根本不是社會主義者。但與過去的我比較，現在我們便不是民主主義者了，因為只要教育長期如此不完善，民眾的無知，尤其是民眾的自私與野蠻，是令人害怕的。但是我們的最後改良的理想，遠遠超過民主主義，因此可以肯定地說自己是一般所稱的社會主義者。我們一方面以最大精力譴責社會對個人的專制（這一點據推測大多數社會主義制度中也在所難免），另一方面，我們還盼望有朝一日社會中不再分為游手好閒的人和勤奮勞動的人；那時不勞動不得食的原則不僅適用於窮人，而且公平地適用於所有的人；那時勞動產品的分配，不再像現在那樣主要根據出生門第，而根據一致公認的公平原則；那時人類將竭力取得不完全屬於他們自己而與他們所屬的社會分享的利益，這將不再是不可能的事情。我們認為未來的社會問題將是如何使下列三者統一起來：個人享有最大限度的行動自由，地球上原料共有，人人均享受共同勞動所得的成果。我們並不自以為是地認為，已經預見到某種形式的制度能最有效地達到這些目的，或者要過多久時間這些目的才可實現。但是我們清楚地看到，要使這種社會變革成為可能，或成為大家想望的事情，必須要使構成勞動群眾的未受教育群眾和極大多數雇主產生相當變化。這兩個階級都要從實踐中學會為寬宏大量、或者為公共的社會目標聯合勞動，而不是像迄今為止那樣專為狹隘的利己目標努力。實現這種目標的能力一直存在於人類之中，不會消失，將來也永遠不可能消失。教育、習慣和情操的培養，將使一個普通人像隨時準備為祖國而戰那樣隨時準備為祖國耕織。確實，要使一般人們達到這種程度絕非一朝一夕之功，而需要有一套培養的方法逐步實行，繼續好幾個世代。但是阻力絕不在人性的基本結構。目前公眾利益在大多數人心目中非常淡薄，情況之所以如此，並非因為注定如此不能變更，而是因為人們心裏不習慣考慮公眾利益，朝思暮想的只是個人利益。現在這樣的利己心，一旦出於日常生活需要起來行動時，並且受名譽欲和廉恥心的驅使，普通的人們也能夠發揮最大的力量，做出最英勇的犧牲。成為社會現狀普遍特點的根深蒂固的自私心，其所以如此根深蒂固完全是目前制度所促成的，而現代制度在某些方面比古代制度更有這種傾向，因為現代生活中號召個人無償地為公眾盡義務的情況，遠比古代較小的共同社會為少。凡此種種考慮並沒有使我們忘記，倘若在尚無代替辦法以前就過早去除社會事務中的個人利益刺激，那是很不當的做法。但是我們認為所有現存制度和社會結構「僅僅是臨時性的」（我以前聽奧斯丁說過這話），因而我們以最大的快樂與興趣歡迎所有傑出人士進行的社會主義實驗（如舉辦合作社團體），這種實驗不論成功失敗，對參加的人都是最有用的一種教育，它能培養他們直接為一般福利而工作的能力，或者讓他們知道是什麼缺陷使他們和其它人不能這樣做。

《政治經濟學原理》中提到了這些見解，第一版談得不夠清楚，不夠全面，第二版有了改進，第三版就十分明確了。這種差異部分由於時代的變遷，第一版寫成和付印在一八四八年法國革命以前，革命後群眾心理更易於接受新穎的思想，不久前令人吃驚的理論，此時看來相當溫和。在第一版中，把社會主義的困難說得如此嚴重，以致總的聽來像是持反對的論調。就在當年或以後兩年間。我用許多時間研究歐洲最著名的社會主義作家，思考和討論引起爭論的問題，結果是第一版上關於這個問題所寫的東西，大部分被我刪去，補進去的議論和見解代表更進步的思想。

《政治經濟學原理》完成的速度比《邏輯學體系》快得多，也比我先前寫的重要作品快得多。它在一八四五年秋開寫，一八四七年底以前就全部就緒可以付印。在這兩年稍多一點時間裏，中間還有六個月時間，我把它撇在一邊為《早晨記事報》（*Morning Chronicle*）（它意外地與我的主張相合）寫稿，提倡在愛爾蘭荒地建立農民產業。這正是一八四六到一八四七年冬季饑荒時期，當時的嚴峻困難似乎是一個機會，大家注意著我所認為的唯一方法，即既救濟眼前的貧苦，同時又可以永遠改善愛爾蘭人民的社會與經濟狀況。但是這個想法是新奇的，這種做法在英國沒有先例，由於英國政客和英國公眾對英國不常見的社會現象（不管其它地方如何常見）全然無知，這種無知使我的努力全部失敗。國會不想大規模開發荒地，也不設法使窮人占有土地，而通過一紙《濟貧法》，按難民予以救濟。如果說這個國家在痼疾與庸醫的雙重折磨下沒有陷入絕境，完全是出於難以預料的驚人事實，即愛爾蘭人口由於饑荒，繼而由於居民外遷而出現人口減少！

《政治經濟學原理》迅速受讀者歡迎，這說明公眾需要和希望有這樣一部書。一八四八年初印一千冊，不到一年銷售一空。一八四九年春原版又印一千冊；一八五二年初第三次印了一千二百五十冊。此書從開始起就不斷被引用，被認為是權威之作，因為它不僅是抽象的科學，也是實用的科學；此書不是把政治經濟學看作孤立的學科，而是把它看作範圍更大學科的一部分，即社會哲學的一個分支，與所有其它分支有密切的聯繫，所以它的結論在其自身的一個部門內也只是在一定條件下才是正確的，必須經受別的部門的各種原因的干預和牽制；離開了其它種種必須考慮的條件，它就談不上實際的指導作用。政治經濟學實際上從來不曾自詡只憑它本身理論而不靠其它幫助就能給人類以指導，雖然那些只懂政治經濟學而不懂別的什麼的人（因而懂得很淺陋），承擔了指導人們的責任，他們只能提供自己有限的見解。但是許多感情用事的政治經濟學的非難者和更多裝作感情用事而有偏見的非難者，從這種行為中非常成功地博得人們的信任，也從其它對政治經濟學不適當的詆毀中得到信任。《政治經濟學原理》儘管放膽敘述許多見解，但仍不失為目前在這個問題上最受歡迎的專著，它有助於解除非難這門重要學問者的武裝。這部書作為科學論述的價值和它提出的各種應用方法的價值，人們自然會有判斷。

在此後一段長時間中，我沒有出版大部頭著作，我依然偶爾在期刊上寫點文章，我的討論公益問題的通訊（許多通訊者我素不相識）已積成很大一堆。在那幾年裏，我寫了許多論人類與社會生活根本問題的論文，準備最終匯集出版；其中幾篇內容之激烈已經大大超過賀拉斯的訓誨。我繼續以強烈的興趣注視世界大事的發展。整體看來形勢不能使我感到鼓舞。一八四八年以後歐洲的反動和一八五一年十二月非法篡奪者的成功，似乎把法國和大陸取得自由和社會進步的全部希望化為烏有。在英國，我已經慢慢看到我青年時代的許多見解得到普遍承認，許多我畢生為之奮鬥的制度改革已經實現或正在實現。可是這些變革為人們帶來的利益遠比我過去預料的要少，因為它們對人類命運真正好轉所需的智力與道德狀況的真正改進收效甚微；而與改革同時發生作用的種種腐敗因素是否已經制住了改良趨勢，還產生了壞的影響，可能是值得考慮的問題。我從經驗中懂得；許多謬誤的見解可以轉換為正確的見解，一點也不改變產生謬誤見解的心理習慣。例如，英國公眾自從國家執行自由貿易方針以後，對政治經濟學的一些問題的概念還是和過去一般，非常生疏和含糊；在較高的問題上更沒有養成較好的思想或感情習慣，也沒有抗拒錯誤的能力。這是因為，雖然他們已經捨棄某些錯誤觀點，可是在智力和道德方面他們的一般思想訓練沒有改變。我現在深信不疑，除非人類思想方法的基本結構有一個巨大的變化，否則人類的命運不可能有巨大的改善。在更有知識的人的心靈中，宗教、道德和政治上的舊觀念已失去信用，它們的效用大部分已喪失了，雖然這些舊觀念在那些問題上仍在強有力地阻礙著較好觀念的成長。當世界上有哲學思想的人不再相信他們的宗教，或者只相信經過改造的宗教。在改造的程度達到基本上改變原來的宗教的性質時，一個過渡時期便開始了。在此時期裏，人們信念淡薄，智力麻木，原則性日趨鬆弛；這種情況要到人們信念基礎恢復，人們的信心有所增進（不管是對宗教的信心還是對人的信心），人們有了真正信念的時候才能終止。在這種情況未終止之前，所有無助於恢復信念的思想和著作，都是些轉瞬就會失去價值的東西。看起來眼前公眾思想還沒有一點趨向上述方向的明顯跡象，所以我對人類進步短期前景的看法不抱樂觀。最近突然出現一種自由思考的精神，它給英國思想逐漸解放以令人鼓舞的前景。與此同時歐洲其它國家重新出現政治自由運動的較好的徵兆，這種情況使人類的現狀出現較有希望的景像①。

從上文寫成的時候到目前，我個人生活中發生了幾件最重要的事情。第一件事是，一八五一年四月我與那位女士結婚，她那無與倫比的價值使她的友誼許多年來成為我幸福與進步的最大源泉，在這些年裏我們從未希望彼此能達到更親密的關係。我自然是強烈地渴望在我一生的任何時候，我們的生活有這樣完美結合。但是我和我的妻子，寧願永遠放棄這種特殊的幸運，而不願我誠摯尊敬的朋友、她強烈愛慕的丈夫中年早逝，而給我們這種機會。可是不幸事件終於發生在一八四九年七月，使我個人從這個不幸中得到最大的幸福。我們很久以來原是思想、感情和寫作方面的夥伴，現在成了整個生活的伴侶。有七年半時間我享受無限幸福，可是僅有七年半；我難以訴說這個損失對我當時和今天意味著什麼，連最含糊的描述都做不到。但是因為我知道她願意我這樣，所以我儘量利用我的餘生，利用從她的思想那裏，從追念她時的心靈交往中獲得的已經衰滅的力量，為她的遺志而繼續工作。

當兩人的思想和默念完全交融時；當兩人在日常生活中談起有關知識或道德意義的所有問題，探索的深度遠遠超過為一般讀者所寫的尋常議論時；當我們從同一原則出發，運用共同的方法得出我們的結論時，要分清是誰的創見，是誰執筆這類問題，就沒有什麼意義了。執筆最少的人也許是構思最多的人。兩人共同寫成的作品，根本不可能區分各自的範圍，更不可能肯定這部分屬於這個人，那部分屬於那個人。從廣泛意義上說，不但在我們婚後生活的幾年中，就是在此之前，自從我們建立起互相信任友誼的許多年裏，可以說在我的全部作品中她的貢獻和我一般多，而且在我的作品中她的貢獻是與年俱進的。僅僅在某些作品中，才能清楚地指出屬於她的部分。除了她的思想對我產生一般性影響外，這些共同著作中最有價值的思想和特色——最有效果和為作品帶來重大成功和聲譽的——出之於她的首創，發自她的心靈。而我在那些作品中只限於吸取以前作家的見解，用我的思想方法加以融會貫串，成為我自己的東西而已。在我的大部分寫作生涯中，我與她共同履行職責，從很早起我就把這種職責看作是在思想領域中我有資格承擔的最有益的任務，也就是作為有創見思想家的理論傳播人，和思想家與公眾之間的中介人。在抽象科學的範圍（邏輯學、形而上學和政治經濟學與政治學的理論原理）以外，我自知不具備作為有創見思想家的能力，但是我自信勝於大多數世人者，就在於願意且能夠向每一個人學習。我發現幾乎沒有一個人能鑑別為一切見解（不管怎樣新舊）所作的辯解，這些辯解深信，即使所有的見解是錯誤的，在它們底下可能蘊藏著正確的東西；深信使見解言之成理的東西被發現，這將會對真理有好處。因此我把這一點看作實用的原則，我自己特別有責任身體力行。當我接觸和瞭解科爾里奇的思想、德國思想家的思想和卡萊爾的思想時，我更堅持這種觀點；他們所有思想方式與我自幼接受的思想方式截然相反，與它們的思想相接觸使我深信：它們儘管有許多謬誤，也有許多真理。真理常常被它們先驗論和神秘的表達方式掩蓋起來，否則人們就有可能理解它們；他們習慣於用這種表達方式掩蓋住正確的東西，他們既不介意又不知道怎麼擺脫它。我有信心將謬誤與真理分開，同時使用一種可以使那些在哲學上認同我的人能理解而不致起反感的言詞，加以闡發。人們不難相信，當我與一個最出類拔萃的人進行密切的知識交流時，這個人的不斷成長和發展的思想天賦，不斷產生出比我遠為高明的真理，我沒有覺察到（在其它人那裏我有所覺察）有什麼謬誤混雜其間，對這些真理的吸收成為我智力進步的最大部分，而我工作中最有價值的部分就是建造橋梁鋪設道路，使這些真理與我的一般思想體系連接起來②。

第一部她參與大量意見的書是《政治經濟學原理》。對《邏輯學體系》（除寫作方面那種較細微的地方外），她很少參加意見，但我的作品，不論長短，在文字方面很多獲益於她精確和敏銳的批評③。《政治經濟學》有一章吸收她的意見比其餘各章都多；而在〈勞動階級的可能未來〉中的觀點完全是她的，這本書的初稿裏沒有列入這一章。她指出必須加入這一章，否則這本書就非常不完整。經她勸說我才加入這一章，這一章大部分是敘述和議論勞動階級實際狀況的兩種相反理論，完全是她的思想，常常是她口述的記錄。《政治經濟學》的純科學部分，我不是向她學來的。但是，首先是她的影響，才使該書具有與以前所有稱之為科學的政治經濟學的書籍孑然不同的調子。而這種調子才使該書在撫慰被過去書籍所排斥的精神方面起巨大作用。這種調子的特色主要在於正確區分「財富生產」的規律和「財富分配」的方式，前者是以物的性質為基礎的真正自然規律；後者受一定條件支配，取決於人的意志。一般政治經濟學家均稱之為經濟規律，把二者混為一談，他們認為這些規律不是人為努力所能推翻和修改的。他們認為依附於我們地球現實的不可改變條件的物，和僅僅與這些物共存的、但實際是特殊社會制度必然結果的物的分配看作有同樣的必然性。在一定的制度與習俗下，工資、利潤和租金是由某種「原因」決定的；可是這些政治經濟學家不提必不可少的先決條件，卻論證這些「原因」由人力無法抗拒的內在的必然性所決定，它們必然決定勞動者、資本家和地主之間的產品分配的份額。《政治經濟學原理》不屈從於前人的意見，打算在他們提出的先決條件下科學地評價這些「原因」的作用；但要樹立不把這些條件作為最後條件的範例。經濟的一般性結論不是依據自然的必然性，而是依據自然必然性與社會現存制度兩者的結合，《政治經濟學原理》只是把經濟的一般性結論看作暫時性的、隨著社會進步將有很大變化的事物。我對事物的此種觀點確實部分是受聖西門派理論的啟發而產生的，但是把這種觀點變為生動活潑的原則，使書充滿生氣，則是我妻子激勵的結果。這個例子恰好說明她對我寫作所做的貢獻。關於抽象和純科學部分一般是屬於我的，關於嚴格意義的人道要素一般說是屬於她的；把哲學應用於人類社會和進步的重大事件，以及在大膽推測和謹慎判斷方面，我是她的學生。因為，在預測未來事態時，她比我更有勇氣和遠見，許多作用有限的一般結論現在常常與普遍原理相混淆，不再有什麼用處。在我作品中，尤其是在《政治經濟學原理》中，有關探索未來種種可能性的那些部分，社會主義者是予以肯定的，但一般受到政治經濟學家的堅決否定，如果沒有她，這部分我將避而不談，或在提法上更加膽怯，在形式上更受限制。但是她在鼓勵我大膽無畏地探索人類前途的同時，她務實的精神和對實際阻力的估計，抑制我產生幻想的傾向。她的心靈賦予所有理念以具體的外形，而它們將如何發揮真正作用，在她心中自有見解。她對人類的感情和行為的理解很少失誤，因而各種行不通的意見很少能逃過她的察覺④。

從我結婚生活開始到災難降臨與她永訣的數年間，我外部生活的主要事情，如果不提家傳疾病的第一次襲擊，以及隨後為恢復健康有半年多時間去義大利、西西里和希臘的旅行，就得談一談我在東印度公司的職務。到一八五六年，我在該公司已服務三十三年，經多次晉級，此時升為主任。這個職位——印度通信稽核——是東印度公司國內部僅次於秘書的最高等級，負責監督除陸軍、海軍和財政以外的全部與印度政府通信事宜。我擔任此職二年多一點時間，直到它不再存在為止。此後公司討好國會，換句話說，討好帕默斯頓勛爵，結束東印度公司作為國王陛下印度政府的一部分的地位，把那個國家的行政管理變成英國議會第二、三流政客們爭奪的目標。公司曾反抗自己政治權力的消失，我是這一活動的主要成員，在為此而起草的信件和申請書中，和在我的專著《代議政治論》的末一章中，我針對政府這個考慮欠當的改革的愚蠢性和危害，提出我的見解。就我個人而言，此舉對我有好處，因為我一生中經管印度事務已經夠長了，很願意領取豐厚的年金就此告退。在改組完竣後，印度國務大臣斯坦利勛爵邀請我擔任評議會委員，接著該評議會因為需要增補評議會中的空缺，又一次向我提出同樣建議。但新制度下的印度政府的狀態使我預料到，參與其事只能是自找煩惱和浪費精力。以後的事態並未使我對謝絕接受感到後悔。

在我離開公職前二年內，我的妻子和我一起寫作《論自由》一書。一八五四年我最初計劃和寫成的是一篇短文。就在一八五五年一月份我踏上羅馬朱庇特神殿臺階時，我才改變主意，把它寫成一本書。以前不論寫哪部著作我從來沒有像寫這本書那樣仔細構思，一再修改。經過像往常一般寫了兩遍以後，我們一直把它帶在身邊，外出旅行時也帶著，讀了一遍又一遍，字斟句酌，修改每一句文字。我們原打算在一八五八到一八五九年冬季，也是我退休以後在南歐度過的第一個冬季最後定稿。這個希望連同其它所有希望，統統因意料不到的災難化為泡影——我妻子逝世。就在我們去蒙彼利埃路上，途經亞維農時她突然患肺充血去世。

此後，我在條件允許下採取一種能使我感到她仍在身邊的生活方式，以求減輕痛苦。我在她墓地最近處購買一座小屋，與她的女兒（她同我一樣悲慟，現在是我的主要安慰）在當年有一大部分時間住在那裏。我唯一的生活目標就是她原來的生活目標；我的事業和工作就是她曾經和我一起做和贊成做的事業和工作，它們和她不可分解地聯繫在一起。對她的懷念在我心中是一種宗教，她的認可對我是一種用來衡量一切有價值東西的標準，我努力以此來指導我的生活⑤。

受此無法彌補的損失以後，我掛在心上最早想到要做的事情之一，就是印刷和出版《論自由》。這本論著中有很大一部分是我亡妻寫的，我以此奉獻給她，作為對她的紀念。此稿我沒有再作改動或補充，以後也永遠不會去更動它。此稿雖未能經她最後潤色，但是我也不想由我來代替她做這最後一道工作。

《論自由》一書和以我的名字出版的其它作品相比，更可以說是我們文字上更加直接合作的產物，文中每一句話都經過我們共同讀過好幾遍，併用各種方法反覆推敲，細心地剔除由我們勘校出來的思想上和詞句上的毛病。由於經過這樣精細的努力，它雖未經她最後修正，但單就文章的結構來看，遠遠超過我過去和以後任何作品的水準。至於從思想內容來說，很難指明哪一部分或哪一種見解比其餘的更屬於她所有。此書表達的整個思想方式顯然全是她的，但是我徹底受到此種思想方式的浸染，因而我們兩人自然而然產生同樣的思想方式。可是，我所以能如此透徹地懂得這種思想方式，應該深深感謝她的幫助。在我思想發展過程中，有過一段時間在社會和政治主張上極可能陷入不要政府的傾向，在另一段時間又有可能趨向另一極端，即不像現在這樣強調徹底的激進與民主。在這兩方面以及在許多其它問題上，她不但引導我認識新的真理，擺脫錯誤，而且幫助我站在不偏不倚的地方。我樂意與熱情向任何人學習的性格，和我經常融合新舊思想從而樂於接納任何新思想的態度，如果沒有她始終如一的影響，很可能誘使我過分地修改我原有的見解。她對我的思想發展最有價值的地方，在於她能恰當地衡量各種見解的相對重要性，從而使我不至於見到一種新的道理，就使它在我的思想中占有超過其應得的重要地位。

《論自由》看來比我其餘作品會傳世更久（或許《邏輯學體系》是例外），因為她的心力與我的心力聯在一起，使它成為一種闡發完美真理的哲學教材，此種真理在現代社會不斷的變革中將越來越明顯突出。它指出，品格的多種類型對個人對社會具有重要意義，在人性向無數的和衝突的方向發展上給以完全自由，具有重要意義。此書論述所造成的深刻印象，比其它什麼更能說明這個真理的基礎是多麼深厚，儘管當時從表面上觀察似乎並不急切需要這樣的教導。我們在書中擔憂，社會平等和代表公眾輿論的政府將不可避免會出現，這會把劃一的言論和行動的枷鎖加在人類的頭上，此種擔憂在那些單看眼前事實不看未來趨勢的人來看似乎只是幻覺，因為社會和制度中正在出現的逐步革命，迄今絕對有利於新思想的發展，使新思想比過去更能得到人們無偏見的吸取。但這是屬於過渡時期的特色；在此期間舊的觀念與感情基礎已經動搖，新理論的統治地位尚未確立。在這種時候，從事精神活動的人們，他們已經拋棄了舊的信仰，但不能確知還保留著的那些東西可能不會發生變化的，他們熱忱地傾聽新的思想。這種現象當然是暫時的；總有一天某個特殊的理論體系會得到大多數人的擁護，依照這種理論體系組織起社會制度和行為方式，透過教育把它的新信條（而非產生新信條的思想過程）灌輸給新的一代；此種信條漸漸具有與曾經發揮作用的而後來被取代的舊信條相同的強制力。此種有害的強制力今後會不會發展，就得看那時人類是否知道，這種力量如果不阻礙人的本性是不可能發展的。到那時《論自由》的教導將顯示出它的最大的價值。令人擔憂的是，它的價值將在很長一段時間裏不會消失。

關於獨創性問題，當然是指在思考與表達人類共同財富——真理時，每一個善於思考的人各有自己的方式。此書的主導思想是這樣一種思想，許多年代來它只限於孤立的思想家所有，自人類文明開始以來從未完全消失過。單就最近幾個世代來說，這種思想明顯地包含在有關教育與文化的重要思想脈絡裏，得力於佩斯塔洛齊的努力和天才，遍布於歐洲人的心中。書中曾提到威廉・馮・洪堡無條件提倡這種思想，在德國他絕不是唯一提倡這種思想的人。在本世紀上半葉，所有德國作家都宣揚個人權利學說和道德性應自由發展，甚至達到誇張的程度；德國最有名的作家歌德雖不屬於這個學派或其他學派，但他的作品也貫穿著道德觀和處世觀（雖然我常覺根據不足）。他正孜孜不倦地在道德觀和處世觀所容許的範圍內，為自我發展的權利與義務的理論尋覓辯護論據。在我們國家裏，在《論自由》寫成以前，威廉・麥考爾先生就以一種強勁雄辯有時令人想起費希特風格的熱情，宣傳維護個性的理論，他寫有許多著作，最精采一本名為《個人主義要義》（*Elements of Individualism*）；一位有名的美國人沃倫先生曾組織以「個人主權」為基礎的「社會制度」，得到不少人擁護，還建立了一個「村社」組織（我不知目前是否還存在），這個組織雖然在外表上類似社會主義者建立的團體，但在原則上正與它們相反，因為它不承認社會對個人的任何權威，只主張給予所有個體平等的發展自由。以我的名義發表的《論自由》這本書中的理論並非首創，也不是旨在寫這些理論的歷史，我想在我之前堅持這些理論、應該提及的作家，就是為此書提供書題的洪堡，雖然我有一段文字中從沃倫派人那裏借用了他們的「個人主權」一詞。我這本書裏提到的概念與我上面提到的先輩作家關於這個理論的概念，在細節上有很大差異，這裏無需細說。

那個時期的政治氣氛促使我不久以後就完成和出版了《議會改革觀感》（*Thoughts on Parliamentary Reform*）的小冊子。此書有一部分寫在幾年前一次議會改革法案流產的時候，當時得到我妻子的贊同和修改。它的主要特色是激烈反對現有的投票制度（這說明我們兩人思想都有轉變，她比我略早）和為少數派要求代表權，這些意見在當時沒有超出加思・馬歇爾先生提出的累積投票制的範圍。在此書付印前最後整理時，鑒於一八五九年對德比和迪斯雷利聯合內閣的改革法案的辯論，我又增加第三個特點，主張選票的多數不應給予財產多的人，而應給予確實受過較高教育的人。我的主張兼顧兩個方面，一方面，每個男女對處理與自身有重大關係的事務有不可抗拒的發言權，另一方面，依據較高知識的意見使知識占有優先地位。可是這個意見我從未與我的幾乎從不失誤的顧問商量，我也無法證明她對此是否同意。等到此書問世後，就我所能觀察到的，幾乎沒有一個人贊成這個主張。凡是希望保持不平等選舉權的人，都主張以財產為劃分標準，不贊成以智力或知識為區別準繩。看來只有等到國民教育制度確立之後，國民教育制度精確地規定和評定了政治上具有價值的學識的等級，反對這個建議的強烈情緒方會平息。沒有這種制度它將永遠遭受強烈的和決定性的反對，而一旦有了這種制度，也許我這個建議沒有什麼必要了。

《議會改革觀感》出版不久，我讀到黑爾先生的令人欽佩的著作《個人代表制》（*System of Personal Representation*），代表制的這種形態問世還是第一次。從該書非常實際和富有哲理的思想中，我看到代議政治制度所能容納的最大限度的改良；這種改良極巧妙地、非常恰當地補救以前看來是代議制度所固有的巨大缺點；把全部權力給予多數派而不是按得票數字給予按比例的權力，因而最強大的政黨得以排除較弱小的政黨，後者的政見無法在國家議會上陳述，它們只能在各地偶爾不平等地分配到的機會發表意見。對於這些重大弊端看來不可能有全面補救的辦法，但是黑爾先生提供了根本的治療辦法。這一偉大發現——在政治藝術上是一偉大的發現——鼓舞了我，我相信，凡是採納這一發現的、有頭腦的人無不受其鼓舞，從而對人類社會前景懷有新的更加樂觀的希望，因為整個文明世界顯然大勢所趨的政治制度形式，將從看來是限制它的或懷疑它的根本利益的主要部分解脫出來。少數派只要一直處在少數派地位，總是在選舉上失敗，若能規定投票人的集會凡達到一定人數就能自行選出一名代表進入立法機關，那麼少數派就不會受到壓制。獨立的見解將強行進人國會，在那裏得到發表，這個主張在現行民主代議制度裏常常不能實行。未來的立法機關將不再排斥個人的特性，不再完全由只代表大的政黨或宗教派別的人組成，它將包含各部分國內最傑出有思想的個人，他們的當選與黨派無關，由景仰他們個人才智的選民選出。我能夠理解，有一些在其它問題上十分聰明的人士，由於考慮不夠充分，他們會難以接受黑爾先生的方案，因為他們認為他的辦法過於複雜。但是，對這個方案提供的東西感到不需要的人，把它當作僅僅是理論上絕妙設想或怪念頭的人，認為它缺乏有價值的目標、不值得務實的人們加以注意的人，可以說絕不是合格的政治家，不能擔當未來的政治。我的意思是說，如果持此種想法的人是一位大官或者渴望當大官的人，那又當別論，因為我們看慣了大官敵視一項改良政策，幾乎要到他的良知或他的利益驅使他採納這一政策的那一天，才不表示無條件的反對。

倘若我在我的小冊子出版前看到黑爾先生提出的方案。一定要在小冊子裏加以評介；既然未能做到這一點，我只得在《弗雷塞雜誌》上寫了一篇文章（後來收入我的雜文集裏），主要介紹他的作品，雖然此文所涉的範圍除黑爾先生的書外，還評論當時論述時事問題的兩本書；一本是我早年朋友約翰・奥斯丁先生的小冊子，他在晚年變為議會一切進一步改革的反對者；另一本是洛里默先生寫的勁健有力但有部分錯誤的著作。

同年夏天我完成一項特別義不容辭的任務，就是在《愛丁堡評論》上撰寫一篇文章，介紹貝恩先生造詣很深的專著《論精神》（*On the Mind*），此時該書第一卷剛剛問世。與此同時我還完成我短文選集的出版事宜，就是《論述與討論》的前兩卷。編選工作在我妻子活著時已經做完，但為了準備出版，與她一起進行的最後修訂工作則剛剛開始。當我失去她正確判斷力的指點時，心灰意懶，不願繼續做下去，除刪去文中和我現在的思想不再一致的段落外，就把它們依原樣付印。這一年裏我最後寫的一篇文章是刊在《弗雷塞雜誌》上的（後來收人《論述與討論》第三卷）〈略評不干涉政策〉。我寫此文是受一個念頭所驅使，即對歐陸諸國普遍指責英國外交政策特別自私進行辯護，同時提醒英國人，由於英國政治家口口聲聲宣稱英國的外交政策只關心英國利益的這種低調，以及帕默斯頓勛爵在這個特殊時刻反對蘇伊士運河中所作所為，為這些指責提供理由。我藉此機會表達久已盤據在心中的一些見解（一部分是在處理印度事務時產生的，另外一些是對當時歐洲公眾極為關心的國際問題的看法），主要闡明國際道德的正確原則，和根據不同時期與環境對這些原則的合法修改問題。這個問題在某種程度上我已經談論過，出現在為一八四八年法國臨時政府辯護，反對布魯厄姆和其它人對它進行攻擊的文章裡，當時刊登在《威斯敏斯特評論》上，並收在《論述與討論》中。

當時，我相信我已決定以餘年從事純文筆生涯，如果我這種不斷以政治為主要內容（不但在理論上，而且涉及實際政治）的寫作能稱為文筆生涯的話；雖然一年中有很大一部分時間在遠離我自己國家政治中心數百英里外的地方度過，我還是主要為自己國家而寫作。事實上，對一個生活條件過得去的政論家來說，現代交通便利，不但能消除他遠離政治舞臺的不利條件，而且還能把不利條件變為有利條件。報紙和期刊迅捷按期送達，他就能及時瞭解最新的政治情況，獲得輿論動態，比他個人親自與人們接觸所得還要確實。因為每個人的社會交往或多或少受其特殊集團或階級的限制，他由此種渠道得到的是這些集團和階級的印象，而不是別的；經驗告訴我，那些把時間花在社會交往要求的人，無暇大量閱讀報刊，他對一般輿論或對積極的和受過教育的部分的瞭解，比起讀報的隱居人來還要少得多。毫無疑問，離開祖國時間太長是有弊端：不能處身其間，從四週親身看到國內人事的實況，就不能隨時更新他的印象；但是從遠處所作的仔細周密的判斷，不受不同觀點的干擾，所得的結論是最可信賴的，甚至對實際運用也是可靠的。我隨時變換遠離和親臨兩種地位，兼收兩者之利。雖然激發我最佳思想的人已不在我身邊，但我並不孤獨；她留下一個女兒，我妻子與前夫的女兒海倫・泰勒小姐，她是她母親的智慧和她的一切高尚品格的繼承者，她那不斷成長和成熟的才能從那時到現在，都獻給與她母親同一的偉大目標。她的才能已經使她比她的母親有更大更廣的名聲，雖然，如果她母親仍在世的話，情況不會如此，但事情注定就是如此。關於她直接同我合作的價值，以及我從她的健全的判斷力所得到的好處卻是不容易解釋明白的。過去肯定沒有人有過這樣幸運，在遭受像我這樣巨大損失之後，又能從變幻莫測的人生中得到另一個瑰寶——另一個伴侶，另一個鼓勵者，另一個顧問，和另一個極好的指導者。不論現在還是今後，無論是誰想起我和我的作品，一定不要忘記，這些成就不是一個人而是三個人才智和心思的產物，而且那個在作品上附有名字的人，卻是其中最不重要最無創作能力的一個。

一八六〇年和一八六一年我的主要著作是兩部專著，只有其中一部打算立即出版，書名叫《代議政治論》。經過多年思考，我終於得出一個我認為最好的民主政體，這篇論著就是與之有關的說明。此文除了提出必要的一般政治理論用以支持如何實施這個政體外，還包括針對純組織體制領域內當前大家關心的重大問題，提出我成熟的見解；並根據預測，提出另外一些日益緊迫遲早將迫使政治理論家和實際家加以重視的問題。這些問題中最重要的是，劃分制訂法律的職能與促使制訂良好法律的職能的區別，對前一職能民眾集會是非常不適宜的，而後一職能是民眾集會的固有職責，不是任何其它機構能圓滿完成的。因此需要建立一個立法委員會作為自由國家組織的一個永久部分；委員會中包括人數不多的受過高等訓練具有政治頭腦的人士，當議會決定制訂一項法律時，就把這項任務交給委員會；議會有權通過或否決委員會制訂的法案，可以提出修改意見由委員會處理，但不能自行修改。這裏提出的有關所有民意職能中最重要的立法職能問題是現代政治組織中重大的特殊問題，我相信它是由邊沁首先完整地提出的，雖然在我看來他並未能令人滿意地解決這個問題；公共事務既要有民眾完全監督，又要有最完美的專門機構相配合。

此時所寫的另一部專著《論婦女的從屬地位》幾年後方始出版⑥。它是應我女兒的要求才寫的。她說無論如何我總得對這個重大問題的見解儘可能全面和明確地作出書面的論述。我打算把它和另外一些未出版的稿件放在一起，在可能的時候隨時修改，等到它最能起作用時予以出版。最後出版時，我女兒的一些重要思想以及她寫的幾節文字，充實了此書內容。在我所寫的部分裏，最動人和最深刻的思想是屬於我妻子的，來自我與她共有的思想庫，因為我們對這個問題所作的無數次商榷與討論，一直在我心中占了很大位置。

此後不久，我從我們婚姻生活最後幾年所寫的文稿中，抽出一部分，增添了一些東西，印成一本小書，題名《功利主義》；它先分成三個部分，在《弗雷塞雜誌》上連載，後來重印成一卷。

可是在此之前，社會情況由於美國內戰爆發而變得極端緊急。我非常關注這個戰爭，從一開始就覺得，不管結局如何它必定是人類歷史的一個轉捩點。我長期來是美國奴隸制爭論的深感興趣的觀察者，在南北公開決裂前的許多年份裏我就知道在鬥爭的一切階段中奴隸主一直抱有擴大奴隸制領域的野心，即處在金錢利益、支配欲、以及爭取階級特權的階級狂熱的共同影響之下的野心，我的朋友凱恩斯教授的傑出著作《奴隸的力量》（*The Slave Power*）對此有全面和有力的描繪。如果奴隸主獲得成功，那麼他們的成功就是邪惡勢力的勝利，將鼓勵所有進步的敵人，挫傷整個文明世界的進步之友的精神；奴隸主的成功將以最壞和最反社會的人壓迫人的形式，建立起可怕的軍事政權；由於這個偉大民主共和國的威望在長時間遭到破壞，這將給歐洲所有特權階級一種虛假的信心，此種信心也許只有通過流血才能消失。從另一方面看，如果北方的精神充分高漲，在戰爭中取得勝利，如果勝利的獲得不是太迅速太輕易的話，根據人類的天性和各次革命的經驗，我能預見，當這個勝利來到時，它可能是徹底的。大部分北方居民的良知原來還只限於不准奴隸制度進一步擴大，由於他們忠於美國憲法，所以他們不贊成聯邦政府干預已經蓄奴各州的奴隸制度，可是一旦憲法受武裝反叛破壞時，他們的感情將會不一樣，他們將決心永遠去掉那種罪惡的勾當，願意與高尚的廢奴主義者團體聯合奮鬥，在廢奴主義者中加里森是勇敢的和全心全意的倡導者，溫德爾·菲利普斯是雄辯的演說家，約翰·布朗是志願殉難的烈士⑦。此後，整個美國人的心靈將從桎梏中解放出來，過去認為，由於公然破壞憲法的自由原則而有必要向外國人道歉，現在則不再受這種思想所侵蝕；當社會停滯狀態的趨勢，一套僵硬不變的全國思想至少能暫時得到糾正時，全國思想將更能識別對人民的制度或風俗習慣起壞作用的東西。現在有關奴隸方面的這些希望已經成為事實，在其他方面也在陸續實現。叛亂的成敗可能產生的兩種後果，我最初預見到了，當我國上等和中等階級幾乎全部成為南方派的瘋狂擁護者，甚至連那些自命為自由派的人士也不例外時，可以想像我是用什麼樣的感情來思考這些現象的。在普遍的狂熱中，幾乎只有工人階級和一些文學界與科學界人士是唯一的例外。我從來沒有如此強烈地感覺到，我們有權勢的階級的思想進步得多麼微小，他們平時宣稱的自由思想的價值又何等渺小。只有歐洲大陸上的自由黨人沒有人犯有同樣可怕的錯誤。但是，那個強迫西印度群島種植園主解放黑奴的一代人已經過去；繼起的另一代沒有受過多年的爭論和揭露的教育，因而對奴隸制的滔天罪惡沒有強烈的憎恨。英國人習慣於不注意他們島嶼以外世界發生的事情，他們完全不知道這場鬥爭的經過，以致於在戰爭的頭一、二年，在英國就有人不相信戰爭的起因為了奴隸制度；有一些高尚的和無疑具有開明見解的人士，他們認為戰爭是關稅引起的，或者認為是一種他們素來表示同情的人民爭取獨立的鬥爭。

我認為，站在抗議輿論界反常情況的少數人一邊，是我必須承擔的責任。我不是提出抗議的第一人；應該記住休斯先生和勒德洛先生的功績，他們從戰爭開始就發表文章首先發難。布賴特先生繼起，發表他最強有力的演說表示抗議，後繼者還有好些同樣令人矚目的人士。大約在一八六一年底，發生了美國軍官在英國船上逮捕南軍特使的事件，就在這時我用我的筆加入他們的行列。即使健忘的英國人恐怕一下子也不會完全忘記，那時在英國爆發了一場要和美國打仗的感情衝動，繼續了幾個星期，這個國家還確實開始了戰爭準備。在這種情況下，當然聽不到任何有利於美國正義事業的聲音；此外，我也同意那些人的意見，認為美國的行動不合理，認為英國理應要求對方否認其行為的合法性。當對方的否認書來了，戰爭的威脅過去了，一八六二年一月我在《弗雷塞雜誌》寫了一篇題為《美國的戰爭》的文章。這篇文章的寫作歸我女兒敦勸之力，因為我們那時正要去希臘和土耳其作幾個月旅行，假使沒有她的催促，我本來打算回國後再動筆。此文的寫成和發表，有助於鼓勵那些正被褊狹輿論壓得喘不過氣來的自由派人士，有助於形成一個支援正義事業的輿論核心，這個核心逐步發展，在出現北方勝利可能性之後發展速度加快。我們旅行回來，我在《威斯敏斯特評論》發表第二篇文章，評論凱恩斯教授的著作。英國的統治階級出於消滅美國作為一個國家的願望，在美國激起持久的仇英情緒，英國正因此嘗到許多不愉快的惡果。英國統治階級應有感激之情，由於少數人、只有少數幾個著名的作家和演說家，在美國人民最困難的時候，堅定地站在他們一邊，這才部分地轉移仇恨的感情，使大不列顛在美國人眼裏不致於可憎之至。

我盡了這番責任後，此後二年間把主要工作從政治轉向另外一些學科。奧斯丁先生遺著《法理學演講集》的出版，給我一個機會著文給予應有的頌贊以資紀念，同時在文章裏對法理學發表一些見解，這個主題是我往日信奉邊沁主義時代曾花力氣鑽研過的。但是那兩年裏主要的著作是《威廉・漢密爾頓哲學的探討》（*Examination of Sir William Hamilton's Philosophy*）。他的《演講集》出版於一八六〇年和一八六一年，我在一八六一年底閱讀時就有意在《評論》上發表一篇短文予以評論，但是我很快發現這是貪懶的念頭，要作出公正的評論得寫一卷書才行。於是我考慮由自己執筆承擔這個任務是否可取，考慮結果認為有這樣做的必要。我對他的《演講集》大失所望，我讀此書時當然不抱反對漢密爾頓先生的成見。在此之前我一直沒有研究他對里德的評論，因為此書尚未出齊，但是我讀過他的《哲學討論》（*Discussions in Philosophy*）；雖然我知道，他研究精神哲學論據的一般方式與我所贊同的方式不一樣，但他反對後期先驗論的精力充沛的論戰和熱烈主張的某些重要原理，尤其是堅持人類知識的相對性，使我在不少地方同意他的見解，使我認為他的權威與聲望對真正的心理學的發展利大於弊。他的《演講集》和《里德論》使我的想像幻滅；甚至《哲學討論》，因為帶著那兩本書的印象，讀來也覺得大為遜色。我發覺與他意見一致的地方屬於文句方面的居多，屬於實質性的較少；我原來認為，他所確認的重要哲學原理因他在書中的解釋而變成沒有什麼意義或者毫無意義的東西，或者消失得無影無蹤，而與這些原理相矛盾的種種理論在他的著作中卻比比皆是。因此，我對他的評價發生很大變化，不再把他看作據有相對兩派哲學的中間地位，掌握兩者的一些原理，為兩派提供攻守的有力武器；現在我認為他是兩根支柱之一，在這個國家裏，從他在哲學界的崇高聲譽來說是一根主要的支柱，在我看來是兩派中錯誤一派的支柱。

現在，直覺哲學學派和經驗聯想哲學學派中間的區別不僅是抽象思辨的問題。而且充滿實際後果，這個進步時代對實際問題看法的最大差異是其基礎。實際改革家不斷要求，凡為廣大群眾強烈支持的、人心所向的事物都得變革，或對既成事實的表面必要性和不可改變性提出疑問。他們的論點必定要說明這些強烈感情是怎樣產生的，那些既成的事實為何看起來似是必要和不可改變的。因而他們的哲學同反對以環境和聯想、主張以人性的最終因素來解釋感情和道德事實的哲學之間自然是不相容的；後者固執地主張直覺真理，把直覺看作大自然和神的聲音，它的權威遠遠超過我們的理性。特別是，我早就感覺到有一種普遍傾向，就是把人性明顯差異歸諸天生的和大部分不可改變的，不顧無可爭辯的證據說明，此種差異中的極大部分（不論是個人、種族和性別之間）是因為環境的不同而產生的。這種傾向是合理研究重大社會問題的一個主要障礙和阻止人類進步的一個最大絆腳石。這種傾向的根源是直覺形而上學，它代表十九世紀對十八世紀的反動；一般說它很適合人們的惰性和保守利益，除非對它的根本進行抨擊，否則它肯定要變本加厲壓倒溫和形式的直覺哲學可以真正證明其為合理的程度。那種並非常常採取溫和形式的直覺哲學統治歐洲思想大半個世紀。我父親的《心理分析》、我的《邏輯學體系》和貝恩教授的巨著，試圖再介紹一種更優良的哲學推究方式，得到很大成功；但是我早就覺得光是把兩種哲學加以對比是不夠的，必須使雙方短兵相接，這就需要有爭論和論述的作品，現在作這樣爭論的有利時機已到。鑒於漢密爾頓爵士當時的作品和盛名，是國內直覺哲學的重要堡壘，這個堡壘由於他的巨大聲譽和個人的各種長處以及智力上的天分變得更為堅固。因此我覺得，徹底考察他的最重要的理論和評價他獲得哲學家卓著地位的一般主張，這也許對哲學是一種真正的貢獻；在我看了漢密爾頓的一個信徒(是最有才能的一個)的作品以後，我的這個決心更為堅定，因為他的特殊理論竟證明一個我認為最不道德的宗教觀點的合理性，根據其理論我們有責任向神曲膝膜拜，這個神的道德屬性，可斷言是我們無法知道的，也許與我們談論人類時用同樣名稱所表示的道德屬性截然不同。

隨著我工作的深入，漢密爾頓的聲譽所受的損壞程度比我起初想像的要嚴重得多。通過把他著作中不同段落相互比較，發現其中存在令人難以相信的大量矛盾。但是，我的任務是確切地揭露事實真相，我在這方面毫不手軟；我力求做到用最謹慎最公正的態度對待我所批判的哲學家；我知道他擁有眾多的信徒和推崇者，倘若我無意中對他稍有不公正的話，他們會出來為之辯駁。他們中果然有許多人或多或少費了一番心力來反駁我；他們提出一些我疏忽漏失和誤解的地方，但數量很少，大部分沒有實質上的重要性。凡是我所知道的反駁意見在最新一版（現為第三版）出版前提出來的，我在那裏都已更正，對其餘的批評我認為有必要的都加以回答。整體說來此書起了作用：它指出了漢密爾頓爵士的錯處，使他的過分的哲學聲譽降低到適度的界限之內；書中有幾處議論以及兩章論物質觀念和精神觀念的解釋性文字，也許對心理學和形而上學領域內的一些爭端有所助益。

這本論漢密爾頓的書完成以後，我致力於一件有許多理由使我義不容辭的工作，即論述和評價奧居斯特·孔德的理論。我在英國介紹他的理論比任何人都多，主要由於我在《邏輯學體系》中提到他，他在法國尚不出名的時候，而在海峽這一邊的學者之中有了他的讀者和欽佩者。在我的《邏輯學體系》寫成和出版時，他幾乎還不為人知曉和重視，因此當時批評他的弱點看來多此一舉，我的責任在儘量介紹他對哲學思想所作的重要貢獻。但是到現在。情況已完全改觀，至少他的名字已為一般人所知，他的理論的一般性質也已廣泛傳播；他在敵友的心目中已是當代思想界的偉人之一。他的理論中的較好部分已深入那些由於他們的文化和教養很容易接受他的見解的人的心中。在那些較好部分的掩飾下，他後期著作中產生和增加了不少壞的成分，它們同樣四處傳播，在英國、法國和別的國家獲得積極而熱情的擁護者，其中還不乏有聲譽的人士。由於這些原因，不但需要有人承擔責任把孔德理論的正確與錯誤之處區分清楚，而且看來我個人對此負有特別的義務。於是我寫了兩篇評論，在《威斯敏斯特評論》上連續刊出，以後印成一本小冊子，題為《奧古斯特・孔德和實證主義》（*Auguste Comte and Positivism*）。

上面所提到的作品以及發表在期刊上的我認為沒有保存價值的論文，就是我一八五九到一八六五年所寫的全部作品。在一八六五年上半年，我依照工人們常常向我表示的願望，把那些看來最為勞動階級所愛的幾本著作，印成廉價的「平民版」發行，如《政治經濟學原理》、《論自由》和《代議政治論》。這種做法使我在金錢上作出相當犧牲，特別是我對這種廉價書根本不想從中取利，在與出版商確定按照一般規矩利潤平分後在他們有利可圖的最低價格上，我放棄我的這份收入，以使價格進一步降低。承朗曼書局的厚意，他們主動規定一定年限，滿期後書的版權和鉛版都歸我，並規定一定印量。超過印量的利潤我能分到一半。印量（《政治經濟學原理》為一萬冊）有時超過規定，平民版開始有小量的意想不到的收益，當然遠不能彌補「文庫版」利潤的減少。

我的外部生活概述到這裏便到達另一個階段，就是由作者的平靜而隱居的生活轉變為與我志趣不太相合的下院議員生活。一八六五年初，威斯敏斯特的一些選舉人向我提出建議，要將我選入議會，這對我來說已經不是第一次了。十多年前，我發表對愛爾蘭土地問題的見解後，盧卡斯先生和達菲先生以愛爾蘭一個受群眾歡迎的政黨的名義，要我代表愛爾蘭的一個郡進入議會，關於這一點他們是輕易辦得到的。可是當時我在東印度公司任職，不能兼任議員，所以甚至未予考慮。離開東印度公司以後，有幾位朋友希望我當上議會議員，但看起來沒有可能性，大家只是想想罷了。我堅信，沒有一個選舉團體中多數派或實力派真正願意選舉一個具有像我這種思想的人當代表，我堅信，一個與地方上沒有良好關係又不願作黨派喉舌的人，除非花費大量金錢，否則很少有當選的機會。我過去和現在一直認為，一個候選人不應為取得公職而花費分文。與候選人沒有特別關係的選舉的合法開支應由公家負擔，由國家或地方上支出。每個候選人的支持者，為了讓選民正確理解候選人主張而必須要做的工作，應由不支酬勞的代理機構來做，或在自願捐款中開支。倘若選舉團體成員或其它人願意自己出錢，運用合法手段意在把他們認為能在議會中起作用的人選入議會，任何人不得反對。但是，把選舉費用或其中一部分加在候選人頭上是完全錯誤的，因為這樣做等於事實上用金錢買議席。對這樣花錢的方式即使作最好的推測，我們仍有正當理由懷疑，那些出錢以取得公眾信任的人，想利用其地位在為公眾辦事的目的之外，另有其他目的；同時還有一種最重要的考慮，選舉費用如由候選人負擔，國家就得不到所有負擔不起或不願負擔這筆巨大開支的人進入議會為其服務。一個獨立的候選人，如果不用此種低劣的手段，就很少有機會進入議會，只要他的錢不是直接或間接用於賄賂，我並不說他花錢必定是道德上的錯誤。但是，要證明這一點，他一定得非常肯定，他當議員比做別的工作對國家有更大貢獻。但是就我自己來說，我沒有這樣的把握。我一點也不清楚，我在下院議席上會比當一個單純的作家更能促進要求我盡力的公眾目的。因此，我覺得不應當追逐議會的席位，更不願為此而花錢。

但是，當一個選舉人團體推我出來，自發地要我做他們的候選人時，問題的情況就大不相同了。倘若經過解釋他們知道我的見解，接受我提出的可以誠心誠意服務的條件，他們仍堅持這個希望。那麼這種情況是否就和選區的選民們請求選區的一個成員作為候選人，此人沒有理由加以拒絕的那種情況一樣，這是值得懷疑的。因此我要用一個候選人對選舉人團體曾經提出的最坦率的解釋，來驗證他們的態度。在回答他們提名要求時，我寫了一封公開信，說到我個人不想當議員，我認為候選人既不應向人遊說拉票，也不應負擔任何費用，這兩件事我一件也不同意做。我進一步說明，如果我當選，我不能承擔責任用我的時間和勞力為他們謀地方利益。關於一般政治方面，我對他們詢問的許多重要問題，毫不保留地把我的意見告訴他們；其中一個是選舉權問題，我告訴他們，我確信（我必須告訴他們，因為我如果當選，我一定要這樣做的），婦女在與男子同樣條件下有權在議會裏出任代表。無疑，在英國選民前提出這樣理論還是第一次；我在提出這個見解以後還是當選，這個事實促使主張婦女選舉權的運動開展起來，此後更蓬勃發展。在當時，像我這樣口頭聲明和實際行為完全蔑視常規競選活動的候選人（如果我能稱為候選人的話）如果竟然當選，沒有比這看來更不可思議的了。曾聽一位著名的文學界人士說，就是全能的上帝本人在這種競選方案下也沒有當選的機會。我嚴格遵守初旨，既不花錢又不遊說，我個人也不參加任何競選活動，直到提名前一個星期，才參加幾次群眾大會，闡明我的原則立場，回答選舉人行使其正當權利向我提出的問題，這些作為他們決定態度的根據。我的回答與我的演講同樣清楚坦率。只有在一個問題上（即對宗教的見解）從一開始我便宣布不予答覆；這個決定似乎得到與會者完全認可。我坦率地回答提出詢問的所有其它問題，這種態度給我的好處顯然大過我不管什麼樣的回答造成的害處。關於這方面我得到一個非常突出的證據，必須加以記述。我在《議會改革觀感》小冊子中曾相當率直地提到，工人階級（雖然與其它幾個國家的工人階級不同）雖則羞於撒謊，但通常還是撒謊者。這句話被我的對手印在標語牌上，在主要由工人階級參加的大會上當面交給我，並問我曾否寫過這幾句話，他們還把它們印出來。我立刻回答說「寫過」。這兩個字剛剛出口，一陣熱烈的喝采聲響徹整個會場。顯然工人們聽慣向他們要選票者推諉和規避的語言，因而當他們發覺我的話不是推諉之詞，而是直接公開承認有可能引起他們不愉快的事情，他們不但不覺得當眾受辱，反而立刻斷定這個人可以信得過。我從來沒有聽說，在那些最瞭解工人階級的人們的經歷中有比這個更令人驚奇的事例。我相信，工人們讚賞的最主要優點是徹底的坦率，有了坦率足以勝過他們心中強烈的反感，而缺乏明顯的坦率，其它任何優點也彌補不了的。上文提到的事情發生後，第一個發言的工人（他是奧傑先生）說：「工人階級希望有人告訴他們的缺點，他們需要朋友，不需要阿諛奉承者，並感激人們向他們指出，他真誠相信需要改正他們身上的缺點。」他的一席話得到大會群眾衷心響應。

倘若我在競選中失敗，我也沒有理由後悔這番接觸，它使我置身許多同胞之中，不但給我許多新的經歷，並使我能更廣泛地傳播政治主張，同時使從未聽到我名字的許多地方的人們知道我這個人，從而增加我的讀者和擴大我著作的可能的影響。出於我意料，也出於任何人意料，我以數百票多數擊敗保守黨競選對手，正式進入議會，當然這將大大增加我的著作的讀者和影響。

在議會通過改革法案的三屆會期中我是下院議員。在此期間，除了休會期，議會工作當然是我的主要工作。我經常發言，但次數不是很多，有時根據事先準備的講稿，有時即席演說。但是我選擇發言的場合隨便，因為我並不是以擴大在議會的勢力為主要目標才發言的。我針對格拉德斯通先生的改革法案發表一篇成功的演說，引起議會充分注意，以後我認為別人能同樣順利完成或者能很好完成的事情，沒有必要由我來干預。因此，由於我一般只做別人不大可能做的事情，所以大部分我出面做的事情是大多數自由黨人甚至該黨先進分子與我意見不合或比較不感興趣的事情。我的幾次演講，尤其是一次反對廢除死刑動議，和一次贊成恢復在中立國船隻中沒收敵產的權利的演講，與當時，可能仍與現在被認為進步的自由黨人的主張相反。我所倡導的婦女選舉權和「個人代表制」，在當時被許多人看作異想天開；可是自從我提出這些主張後出現的巨大進步，尤其是幾乎整個國家對婦女選舉權要求的反應，充分證明這些行動的及時，遂使作為道德和社會責任所承擔的事情成為我個人的成功。另外一個我作為大都會中的一員特別義不容辭的責任是試圖為這個都會建立一個自治市政府。但在這個問題上，下院漠然的態度非常明顯，使我知道在這所房子裏難以得到任何幫助或支持。但是，在這個問題上我是議會外人士組成的活躍而理智的團體的喉舌，這個計劃是由他們不是由我創議的；他們對此進行一切宣傳，並擬就議案。我只是把現成的法案向議會提出，並在議會允許討論此案的短時間內支持討論；在此之前，我曾積極參加艾爾頓先生主持的委員會工作，該會在一八六六年議會期的大部分時間裏，經常召開會議，聽取有關此案的證據。目前（一八七〇年）這個問題所處的地位與當時大不相同，之所以如此可以公正地歸因於那幾年裏進行的準備工作，只是那些工作在當時僅產生模糊的效果。可見凡是一方面帶有明顯私人利益，同時另一方面又對公眾有利的所有問題，都要經過同樣的醞釀時期。

我在議會可以做別人做不到或不願做的事情，出於這同一觀念，我想到在先進的自由主義遭到猛烈攻擊，以致議會裏大多數進步的自由黨人不願為之招致麻煩時，站出來為其辯護是我應盡的責任。我在議會的第一次投票是支持愛爾蘭議員提出的有利於愛爾蘭的修正案，投贊成票的包括我在內只有五個英格蘭和蘇格蘭議員，其它四人是布賴特先生、麥克拉倫先生T·B·波特先生和哈德菲爾德先生。我第二次發表演講⑧是關於延長「愛爾蘭人身保護法」暫停期限的法案，在這次演說裏，我譴責英國統治愛爾蘭的方式，所發表的意見沒有超過目前英格蘭一般輿論認為公正的範圍，但是當時反對芬尼主義剛在勢頭上，凡是抨擊芬尼黨人曾經攻擊過的東西的言論都被看作為芬尼黨人辯護；而我在議會中又是個頗不受歡迎的人，以致不只一個朋友勸告我（我的判斷也同意他們的忠告），叫我暫時切莫再發表演說，等待改革法案的第一次大辯論所給予的有利機會。在我保持沈默的這段時間裏，許多人自鳴得意，以為我已承認失敗，他們不會再因我而感到麻煩。也許由於反作用力，他們蔑視性的估計有助於使我論改革法案所作的演說取得如此成功。我在議會的地位還從以下兩件事情中得到進一步改善：一件是在一篇演說中我堅決主張我們有責任在煤的供應耗竭之前償清國債；另一件是我用譏諷的口吻回答幾個保守黨領導人的責詢，他們引用我著作中的幾段話來攻擊我，並要我解釋另外幾段話，特別要我解釋我在《代議政治論》中的一段話，這段話說：「從保守黨的組成規律來看它是最愚蠢的政黨。」他們要人們注意這段話結果反而沒好處，在此之前這段話並未引起任何人注意，經這一提反而使「愚蠢黨」這個綽號在此後好長一陣子緊緊標在他們的身上。現在我不再擔心沒有人傾聽我的話，我便限制自己（由於我想得過多），只在特別需要我出力的場合才發表演講，避免過多地談論關於政黨的重大問題。除了愛爾蘭問題和關於工人階級的問題外，只有一篇論迪斯雷利先生提出的改革法案的演說，它幾乎是我在三次會期的後兩次中所作的決定性重要辯論的全部貢獻。

然而，回顧我在剛才提到的兩類問題上自己的所作所為，感到頗為滿意。關於工人階級方面，我在評論格拉德斯通先生改革法案的講話中的主要論點，就是堅決支持工人們對選舉權的要求。不久，在拉塞爾勛爵內閣辭職，保守黨政府繼起登臺後，出現工人階級試圖在海德公園召開大會，警察不准他們入場，群眾拆毀了公園的欄杆的事件。雖然比爾斯先生和其它幾個工人領袖於事情發生時在抗議之下已經離開，但隨後還是發生了衝突，衝突中許多無辜的人受到警察暴力對待，因而工人的憤怒達到極點。他們表示決心再次要在這個公園裏開會，為了達到這一目的，其中一些人有可能帶了武裝。政府為了對付這次集會作了軍事上的準備，十分嚴重的事端迫在眉睫。我確實相信，在這次危機中是我阻止了不幸事件的發生。我以我在議會中的地位為工人們說話，強烈譴責政府的行動。我與幾個激進派的議員一起應邀與改革同盟評議會領導人會談，主要由我出面勸導他們放棄海德公園開會的計劃，請他們到別的地方集會。需要勸導的不是比爾斯先生和迪克森上校，相反，很明顯他們也在施展他們的影響勸說工人們改變開會地點，只是迄未見效。工人們不肯退讓，他們決心堅持原來計劃，以致我不得不求助於最後一著。我告訴他們：必然要與軍警發生衝突的舉動，只有在兩種條件下才是正當的，那就是事態發展已經到了需要革命的地步，和他們認為自己具有完成革命的能力。經過相當時間的討論，他們最後同意我這個論點，於是我能通知沃波爾先生，工人們放棄在海德公園集會的打算。我將永遠忘不了當時他感到大大寬慰和對我表示熱烈感謝的情景。工人們對我作出這樣大的讓步，我感到一定要同意他們的要求，去參加他們在農業館召開的大會，並在會上講話；這是我參加改革同盟召開的唯一的一次大會。我總是謝絕參加這個同盟，我公開承認的理由是，不同意同盟主張男子選舉權和無記名投票的綱領。我完全不贊同他們主張的無記名投票，即使他們保證並無排斥婦女選舉權之意，我也不能同意他們高舉男子選舉權旗幟的做法，因為，一個人不做他立即能做的事情，卻表示要堅持原則立場，那麼他首先應貫徹這個原則。我對這件事情敘述得如此詳盡，因為我在這件事情中的舉動引起保守黨和保守黨自由派報紙的嚴重不滿，從那時起它們就指責我在公眾生活的考驗中表現出過激與狂熱。我不知他們期待我做什麼，但是，倘若他們知道我所做的事情極可能保護了他們，他們理應感謝我才是。而我不相信，在那個特殊的緊要關頭其它人能做到我所做的事情。我相信，在那個時刻除了格拉德斯通先生和布賴特先生以外，沒有人具有約束工人階級的力量，可是這兩位先生都無法出面，格拉德斯通先生因為眾所周知的理由，布賴特先生當時不在市內。

過了一段時間，保守黨政府提出禁止在公園裏召開群眾大會的法案，我不但發言強烈加以反對，而且與許多進步的自由黨人組成一個反對派，加上會期即將結束，我們就採取把討論拖到議會休會從而使議案擱置起來的辦法，成功地挫敗這個議案。以後再也沒有人提到它。

在愛爾蘭問題上我同樣覺得必須堅決參加意見。在議員辯論中，我偕同一批議員帶頭說服德比勛爵寬恕已判死刑的芬尼黨叛亂者伯克將軍的生命。在一八六八年會期，保守黨領袖們在處理教會問題上態度十分積極，只要我熱烈附和，而不要別的態度。但是在土地問題上取得的進展不大，直到此時對地主所有制的迷信很少遭到挑戰，尤其在議會裏；土地問題的落後情況，就議會的思想來說，一八六六年拉塞爾政府對此提出極端溫和的議案便是明證，可是那個議案還是不能通過。對於那個議案，我發表一通最謹慎的演辭，我試圖以此奠定土地問題的幾個原則，用意不在激勵朋友，而著重於調和和說服敵手。議會改革這個引起人們興趣的主題妨礙了這個議案和由德比政府提出的相同性質議案的通過。這兩個議案都在二讀中就被擱置起來。與此同時，愛爾蘭的不滿跡象越來越明顯，要求兩國間完全分離的形勢已達到可怕的地步，幾乎每個人都感覺到，要想將愛爾蘭依舊留在不列顛王國內，仍然存在著機會，只要在這個國家的領土和社會關係中採取比以往所考慮的更加徹底的改革。在我看來時間已經來到，現在我把整個內心想法全部說出來大概會有作用，結果是我在一八六七年冬天寫了《英格蘭和愛爾蘭》小冊子，在一八六八年議會會期開始前不久出版。小冊子的主要特色是，一方面強調兩國分離對於英格蘭和愛爾蘭來說都不合乎需要，另一方面建議給予佃農永久土地使用權以解決土地問題，地租固定，數量由國家調查後估定。

這本小冊子除在愛爾蘭外不受人們歡迎，這原在我意料之中。但是，如果除了我提出的辦法外，沒有任何建議，可以完全公正地處理愛爾蘭問題，或者提供一個能安撫愛爾蘭人民大眾的前途，那麼我提出這個建議是絕對必要的。從另一個角度說，倘若還有值得一試的折中辦法，我清楚地知道，提出一種被稱為極端激烈的建議，倒是不會阻止反而會促進出現一個較溫和實驗的好辦法。除非引導不列顛公眾知道，可能會出現更激烈的情況，或者可能會組成一個奉行更加激烈辦法的政黨，否則像格拉德斯通提出的、對佃戶作了如此之大讓步的愛爾蘭土地法案，根本不可能由政府提出，或在議會通過。不列顛人的性格，或者說至少稱得上合格的不列顛人的中上層人的性格是：要誘導他們同意改革，必須使這個改革在他們眼裏屬於不偏不倚的中間路線。他們認為每一件建議都是極端的和暴烈的，除非他們聽到另外還有更加激烈的主張，看到了後者，他們對極端觀點的厭惡才會自行消除。目前的事例就是證據，我的建議受到譴責，任何愛爾蘭土地改革的計劃，只要不是我提出的，比較起來就被認為溫和可取。我可以這樣說，所有對我計劃的攻擊，都嚴重曲解計劃的本意。人們在討論時，通常把我的建議看成是，要國家出錢買進土地成為全國土地的地主；雖然事實上我的計劃只是向每個地主提供一項選擇的辦法，如果他願意出賣他的地產，不願以新的條件保留土地的話。而我完全可以預期，大多數地主寧願繼續保持土地所有人的地位，不願成為政府的年金領取者；我完全可以預期，他們願意以比全額地租較寬厚的條件，保持他們與佃農的現存關係，本來政府是可以根據全額地租給他們補償。這番意見連同許多其它理由我在一八六八年的會期前期在辯論馬圭爾先生的決議時，在關於愛爾蘭問題的演說中全部端了出來。這次演說的修改稿連同我評論福蒂斯丘先生議案的發言稿，都已在愛爾蘭出版（非由我自己出版，但經我允許）。

在這幾年中，另外還有一件非常嚴重的國家大事，我必須在議會內外擔負起來。最初由不公正行動激起、接著由於暴怒和恐慌誇大為預謀叛亂的牙買加騷動，成為當局動用軍隊鎮壓和所謂軍事法庭判決奪走幾百個無辜者生命的動機和藉口；在短暫的騷動鎮壓下去之後，暴力行動還繼續好幾個星期。到處出現財產被毀滅，婦女和男子一樣被鞭打的許多暴行，到處可看到軍警進行鎮壓的野蠻行為。這種暴行的執行者受到英國一直維護黑奴制度的同一種人的辯護和喝彩。爭端開始時，不列顛民族似乎將要蒙受此種對令人厭惡的當局暴行聽之任之，甚至沒有人出來抗議的恥辱，此種暴行如果是別國政府所為，英國人對它的憎惡情緒將是無法形容的。但是不久，憤怒的情緒上升，一個稱作牙買加委員會的志願協會宣告成立，它根據事態容許進行研究和採取行動，全國各地紛紛給予支持。當時我在國外，但當我知道這個委員會時，立刻寫信給它，要求加入，回國以後積極參加活動。這裏還有比公正對待黑人更加緊迫、更加重要的事情需要思考，這就是不列顛所有屬地，也許最終還有不列顛本身，是受法律管轄呢，還是受軍事特許權管轄？不列顛子民的生命和人格是否應該任憑粗暴和無知或任性和野蠻的兩、三個軍官擺布？一個驚慌失措的總督或別的官吏就可以擅自建立所謂軍事法庭？這個問題只有訴諸法院才能決定，因而委員會決心要就此提出控訴。他們的決心引起委員會主席的更換；原主席查爾斯·巴克斯頓認為向刑事法庭起訴艾爾總督和他的主要屬員並非不對，但不夠明智，可是有無數人參加的協會的大會反對他的意見，作出更換主席的決定。

於是巴克斯頓先生退出了委員會，雖然繼續為這項事業努力。而我在我個人意想不到的情況下被提名並選為主席。因此，在下院裏代表這個委員會就成為我的責任，有時向政府提出質詢，有時接受個別議員向我提出咄咄逼人的問題，特別是成為一八六六年會期裏由巴克斯頓先生提出的重要辯論中的發言人。那次所作的演講也許可說是我在議會中最好的演講⑨。有兩年多時間我們繼續戰鬥，運用每一條合法道路，向刑事法庭提出控告。在保守黨勢力最盛的英格蘭一個郡的法院不受理我們的訴訟；但在倫敦的鮑街法院我們取得成功，這就給予高等法院的大法官亞歷山大・科伯恩爵士發布著名訓令的機會，他在法官解決此案責職的權力範圍內，在問題的法律方面作出有利於自由的決定。但是我們的成功到此為止，因為中央刑事法院大陪審團撤銷我們的起訴書，以致案件不能審理。事情很清楚，向刑事法庭控訴英國官吏對黑人和混血種人犯下濫用權力之罪，不是英國中產階級感興趣的官司。但是就我們的行動而言，我們挽回了國家的聲譽，因為我們的行動表示，無論如何這裏有一批人決心使用法律提供的所有手段為受害者中張正義。我們已經促使國內最高刑事法官發表權威性的宣言，申明法律就是我們所維護的東西；我們對今後可能受誘惑而重犯同樣罪行的人提出了鄭重的警告：雖然他們可能逃脫刑事法庭的實際判決，但是為了逃脫判決免不了要遭到麻煩和付出代價。這使殖民地總督和其它掌權者存有巨大戒心，在今後不犯此種暴行。

這場官司在進行時，我收到許多幾乎全是匿名的指責信件，出於好奇心我把其中幾封樣本收藏起來。它們是國內一部分殘忍的人同情牙買加殘忍行為的明證，其內容從粗鄙的諷刺（有文字的也有圖畫的）到以暗殺進行恫嚇，無所不有⑩。

我積極參加的、卻未引起公眾興趣的重要事件中有兩件事值得特別一提，我與另外幾個獨立的自由黨人聯合擊敗了一八六六年會期行將結束時提出的《引渡法案》。根據該項法案雖然沒有授權公開引渡政治犯，但是政治流亡者倘若被外國政府指控有必然導致企圖暴動的行為，就要被引渡去受他們所反抗的政府的刑事法庭的審判，這樣不列顛政府就成為外國專制政府報復的幫兇。上述議案被挫敗，導致議會組成一個「特別調查委員會」（我是委員之一），以審查整個引渡條約的內容，並提出報告。結果是：在我離開議會後議會通過的〈引渡法〉中，規定被要求引渡的任何人有機會向英國法院陳述理由，以證明他被控的罪名是不是真正政治性的。這樣，歐洲自由事業免遭嚴重的災難，我們國家避免了巨大的不幸。另一件要提的事是，有一些進步的自由黨人在一八六八年會期進行的關於迪斯雷利政府提出的〈賄賂法案〉的爭鬥，我積極參加了這場爭鬥。我與對這個問題的細節作過極為仔細研究的人共同商議（有克里斯蒂先生、普林律師和查德威克先生），我自己也對此細加思考，目的要對此法案擬訂修正和增補條款，使法案能真正有效制止各種各樣直接或間接的腐敗作風，否則我們有充分理由害怕，〈改革法案〉的通過有可能不能減少反而增加此種行為。我們還意圖對法案加入一些新辦法，以減少所謂選舉合法開支的不合理負擔。在我們提出的許多修正案中，有一項是由福西特先生提出的，規定付給選舉監察人的費用不由候選人負擔，改由地方稅中開支。另一個修正案是取消支薪的檢票員，限制每個候選人只能有一個支薪的代理人。第三個修正案是把防止和懲處賄賂行為的辦法擴展到市級選舉。眾所周知，那裏的選舉不但是議會選舉賄賂行為的預備學校，而且是賄賂行為習慣上的隱蔽所。但是當保守黨政府一旦通過他們法案中的主要條款（我曾為之投贊成票和發言），就把選舉的司法權從下院轉移給法院，他們便對其它改進建議一概堅決拒絕；而在一項最重要的提案（即福西特先生的建議）獲得實際上的多數時，他們集合全黨的力量在後一階段把這個條款否決掉。下院裏的自由黨由於它許多成員的行為而有損聲譽，他們拒絕以任何方式為獲得使人民能誠實選舉的必要條件所作的努力。他們在下院中占有大多數，本來能夠通過全部修正案，要是他們能提出更好提案的話，也是可以通過的。但是此時會期臨近結束，議員們急於著手準備迎接即將到來的大選；雖然有幾位（如羅伯特•安斯特魯瑟爵士）令人敬佩地堅守崗位，儘管他們的競選對手已經在遊說選民；但是極大部分人把個人的選舉利益置於對國家責任之上。許多自由黨人還對反賄賂立法等閒視之，認為這個議案徒然分散公眾對無記名投票的興趣，在他們眼裏無記名投票是充分的和唯一的補救辦法，我預期今後會證明這種想法是完全錯誤的。由於這些原因，我們雖然一連幾個晚上以極大精力堅持戰鬥，終於完全失敗，而我們本想增加行賄的困難，但在新選舉法實施後舉行的第一次普選中，賄賂比過去更加廣泛盛行。

在對迪斯雷利改革法案的一般辯論中，上文提到我只作了一次發言，但是我利用討論法案的機會，把代議制政府中尚待實行的兩條最重大的改革正式向議會和民眾提出。一條是「個人代表制」或者同樣適當地可稱為「比例代表制」。我就黑爾先生計劃所作的解釋性和議論性的演講中把這個意見提請下院考慮；隨後我積極支持一項代替黑爾計劃的頗不完善的方案，這個方案被議會採納在少數選舉區實行。這種可憐的權宜之計雖沒有可稱道之處，但是它表明人們部分地承認弊端的存在，而補救存在的弊端，這個方案所起的作用極小。但是儘管如此，它還是像真正良好的改革辦法一般，受到種種同樣謬見的攻擊，需要以同樣原則予以保護。少數議會選區採用這個方案，隨後倫敦教育委員會選舉中採用稱為「纍積投票制」的形式，取得了良好的效果，使所有選舉人的平等權利轉變為按比例分配代表名額，使僅僅是一種理論性的討論問題轉變為實際政治問題。如果沒有這個方案的實施，就不可能產生如此迅速的效果。

我提出的個人代表制的這種主張，很難說產生相當或明顯的實效。我的另一個動議，即我對改革法案提出的另一個修正案的情況則大不相同，這個修正案重要得多，它也許是我擔任議員期間所做的唯一真正重要的對國民有利的事情。這就是提出動議刪除其含意在於只有男子才有選舉權的語句，從而允許全體婦女（如戶主或其它婦女）凡具有與男性選民同樣的資格的人都有選舉權。我認為，如果婦女不在目前選舉權大規模擴大的時機，提出選舉權的要求，恐怕要永久放棄這種權利。婦女爭取選舉權運動是從一八六六年開始的，當時由我提出要求選舉權的申請書，上面有許多著名婦女簽名。但是這個要求在下院能得到多少孤立的贊成票尚難預卜。經過一次辯論，辯論中站在反對方面的發言人顯然虛弱無力。投票表決結果，贊成這個動議的有七十三票，加上對立政黨協議不投票的議員和計票員，總數在八十票以上，這種情況令人驚訝，大大鼓舞人心。更令人鼓舞的是投贊成票的人們中有布賴特先生，這顯然只能是這次辯論給予他巨大影響所致，因為他過去曾公開表示不同意這個建議。我的女兒海倫・泰勒女士覺得時機已到，可以組織要求婦女選舉權的協會。協會的成立是我的女兒發起的，其組織完全出於她的計劃，雖然她因身體欠佳、事務紛繁而不當執行委員會委員，但在開頭幾年她是這個運動的領導人。許多有聲望的議員、大學教授等、以及國內著名的女士都是協會會員，這許多人的參加，大半是我女兒直接或間接的影響的結果，因為促使她們參加協會的最好的書信，都是她寫的，雖然其中有幾封由我簽名。奈廷格爾女士和瑪麗・卡彭特女士最初曾表示不願入會（並不是因為意見不合），終於因我的女兒寫了幾封信而轉變心意，這是極好的例子，雖然這幾封信由我簽名。國內有許多重要城市如曼徹斯特、愛丁堡、伯明罕、布里斯托爾和格拉斯哥等處都組織了有同樣宗旨的團體，做出許多有價值的工作。所有協會均定名為全國婦女爭取選舉權協會分會，但各分會都有自己的管理機關，辦事也各自獨立。

我相信，我在下院活動中所有值得回憶的事情已經全部提到了。但是所列舉的事實即使已很全面，仍給人們對我這段時期工作時間的安排有不夠充分的印象。尤其是用於與別人通信的時間。我未進議會以前，有好多年不斷收到陌生人的來信，大部分來信把我當作哲學家，不是提出邏輯學或政治經濟學有關的種種難題，便是就這些問題交換看法。我相信，與所有著名的政治經濟學家一樣，我也經常收到這樣的來信，信中提出種種膚淺的理論和荒謬的建議，它們一直力圖指出一條使用人為改變通貨的方法通向普遍富裕與幸福的道路。當來信人顯示出有充分的理解力，值得加以糾正時，我不厭其煩指出他們的錯誤，到後來通訊數量越來越多，使我不得不用簡短的答覆，停止與這些人繼續通訊。但是，我收到的來信中有許多遠比上述信件值得重視，有幾封信指出我著作中疏忽的細節，我由此能加以更正。我寫作的題材越來越廣，特別是形而上學性質的題材寫得越多，這類通信也自然日益增多。但是當我擔任議員時，開始收到私人訴苦的信件和有關各種公共事務中各種問題的信件，不管這些問題與我的知識或專業相距多遠。

給我增加這種負擔的不是我的威斯敏斯特的選民，他們以明顯的忠誠信守我同意競選的聲明。不過我有時還接到幾個天真青年的請求，要我幫助他們在政府中找個小差使，但這種情況不多，他們的請求不擇時機，不問是哪個黨掌權同樣寄來，這充分表明寫信青年是多麼單純和幼稚。對這種來信我一成不變的答覆是：向政府求情與選我當議員的原則是相背的。但是，大體說來，我自己選民給我的麻煩比全國其它部分都少。可是，通常大量的通信成為我沈重的負擔。從此以後，我的大部分書信（包括許多刊登在報紙上的）⑪不是我而是我女兒的手筆。最初是由於她願意幫助我答覆我一人來不及答覆的一大堆信件，後來因為我認為她寫得比我好，越是困難而又重要的事情，她寫得越好。就是我自己寫的一些信件，通常也經過她修改，我最近的幾篇演講稿也是如此。這幾篇講稿以及我著作中不少段落最成功的也是她寫的。

當我在國會時期，我的寫作活動不可避免地只能在休會空隙進行。在這段時間裏除了上文提到關於愛爾蘭問題的小冊子外，我寫了一篇《論柏拉圖》，刊登在《愛丁堡評論》上，後來收在《論述與討論》第三集裏；還寫了一篇就任聖安德魯大學校長時照例要作的演說詞，承該校學生的美意，選我為校長。在這篇演說中我詳細地闡述我生平積纍的許多思想和見解，有關屬於自由教育的各種學科，它們的功用與影響，以及為使這些學科發揮最有利影響應該採取的研究方法。為證明古典學科和新興科學學科具有同樣崇高的教育價值，採取較之大部分宣傳者所主張的理由有更堅實基礎的立場，並堅決認為只有愚蠢無能的平庸教導法才使人們視那些學科為相互排斥而不是相輔相成；我想這種立場不但有助於促進在全國高等教育機構業已順利開始的改革，而且能（經過最高度的精神訓練）傳播較之我們在受過高等教育人士中常常發現的更公正的思想。

在這個時期裏，我還開始（離開議會後很快就完成）盡我對哲學的責任，同時為了紀念父親，整理出版先父《人類心理現象分析》（*Analysis of the Phenomena of the Human Mind*）一書，並增加注釋，使這部傑作中的理論在科學性與思想性上有最新的改進。這是一件合作的事業：心理學方面的注釋由貝恩先生和我平均分擔寫作，格羅特先生在書中偶爾出現關於哲學史方面的問題上提供有價值見解，安德魯・芬勒特博士則彌補此書寫作時因欠缺語言學知識而產生的缺陷。因為此書初版時正值形而上學思辨的思潮與經驗和聯想心理學針鋒相對之時，所以沒有很快獲得它應有的成功，但此書已給予許多人以深刻的印象，並透過受它影響的人轉輾傳播，大大有助於形成一種有利於「聯想心理學」的氣氛，此種學說。使我們今天深受其惠。它非常適合作為學習「經驗形而上學」的課本；只須應用同一思想學派最近研究成果加以充實和略加修改，它就能像它現在那樣，與貝恩先生的專論一起，列於分析心理學系統著作的首位。

一八六八年秋天，通過改革法案的議會解散了，我在威斯敏斯特進行新的競選中失敗。這並不出我意外，我相信也不出我主要支持者的意外，雖然在臨近選舉一些日子裏他們曾懷有比以前較大的希望。如果我從未當選，就不須作什麼解釋；令人奇怪的是我第一次卻當選了，或者說既然那時當選，為何後來又落選。但是對方為擊敗我所作的努力，第二次要比第一次大得多。第一，保守黨政府現在正竭盡全力以求繼續執政，不管哪一個選區競選的勝利對一他們全都至關重要；其次，與第一次競選時相比，所有同情保守黨的人反對我的情緒被煽動得更加激烈；許多人在第一次競選時對我有好感或者不置可否，這次卻狂熱地反對我連任。由於我在政論文章中表示我意識到民主輿論的弱點，有些保守黨人似乎就有希望把我當作民主制度的敵人；由於我能看到保守黨方面的問題，他們就以為我和他們一樣，看不到其它方面。可是，要是他們真的讀過我的著作，就應該知道，我在充分重視所有在我看來言之有據的反對民主的論點之後，我毫不猶豫地堅決贊成民主，同時指出，民主應該伴有這樣一些制度，它們與民主的原則相符並能排除與民主不相容的東西，補救民主的主要制度就是比例代表制，對於這個建議，保守黨人中很少有人給我支持。有些保守黨人似乎把希望寄託於我曾經對一定條件下的復投票制（*Plural voting*）表示贊同這一點上。有人推測，迪斯雷利先生為改革法案作準備而向下院提出的一個決議案中有關復投票的建議（這個建議並未得到贊同，他也未作進一步努力），可能就是我的關於這個問題的著作引起的。倘若果真如此，那麼他忘記了我的主張有個條件，即復投票特權應以教育程度、不能以財產為依據；即使這樣，我認為這種方法也只有在假設實行普選權的前提下才是可取的。在當前改革法案規定的選舉制度下，此種復投票制是完全不能接受的。對這一點表示懷疑的人，只要看一看勞動階級在選舉中只占有微不足道的影響就明白了，儘管法律規定一人只投一票。

我比以往更受保守黨人和許多保守黨自由派分子的討厭，我在議會中所追求的目標絕不會得到自由分子的熱情支持。上文業已談到，我的很大部分時間花在與大多數自由黨人意見不同的和他們所不關心的問題上，我所遵循的路線能與他們一致的機會又那麼少，不可能使他們認為我有巨大價值可以充當鼓吹他們政見的喉舌。此外我所做的事情引起許多人懷有個人偏見反對我。許多人被他們稱之為迫害艾爾先生事件所激怒，使他們更加惱火的是我為布雷德洛先生捐贈一筆競選費用。由於我拒絕負擔自己的競選費用，全部競選費用均由別人支付，我感到我對眾人希望其當選而又缺乏基金的候選人有特殊義務給予捐贈。於是我對勞動階級的候選人幾乎每人捐了一筆錢，其中包括布雷德洛先生。他得到勞動階級的支持；我聽了他的演講，就知道他是個有能力的人，他在十分重要的兩個問題上——馬爾薩斯主義和個人代表制——激烈反對民主黨中盛行的意見；證明他不是一個蠱惑人心的政客。這種人既具有勞動階級的民主感情，代表他們自己判斷政治問題，又具有不顧普遍反對維護個人信念的勇氣。在我看來，需要這樣的人進人議會，我認為不應該因為他有反對宗教的見解（即使他曾毫無節制地發表反對意見）把他摒棄在議會之外。可是，倘若我只考慮我自己第二次當選的利益，捐款幫助他競選，確實太冒失了；果然不出所料，我這個行動被人最大限度地用來（有公正的，也有不公正的）煽動威斯敏斯特的選民反對我。在這些原因之外。加上我的保守黨競選對手那邊肆無忌憚地利用金錢和其它勢力，而我這邊沒有利用任何力量，以上就是我第一次競選勝利後和第二次失敗的原因。選舉結果剛揭曉，就有三、四處選舉區（主要在外郡）邀請我作他們的候選人；但是即使有成功的希望，即使不要我負擔費用，我也無意否認恢復平民生活給我的寬慰。我沒有理由因為受選民的拋棄而感到屈辱；即使有這種感覺，但當各界人士和各地向我表示慰問的無數函件，尤其是議會裏習慣與我合作的自由黨議員給我送來的慰問，早已使它消散了。

從那時以後，沒有發生多少事情需要在這裏敘述。我恢復原來的寫作生涯和在歐洲南部享受田園生活，每年輪番兩次在倫敦附近住上幾星期或幾個月。我為期刊寫各種文章（主要刊登在友人莫利先生的《雙周評論》上），在公共集會上發表幾次演說，把前幾年寫的《論婦女的從屬地位》增添一些內容後出版，並開始為今後新的寫作準備材料，關於我今後的新作，如果我在有生之年能夠把它們完成的話，以後有時間可以細說。因此，這本回憶錄現在可以在此結束。

注釋

①寫於一八六一年左右。

②我在她的幫助下獲得的思想進步，遠遠不是對這個問題毫無所知的人可能猜想得到的。例如，可以這樣說，我對男女之間必須有完全平等的法律、政治、社會和家庭關係的強烈信念，就是從她那裏得來或說學來的。認為這些信念是我最早研究政治學科的結果，這完全不是事實。我相信，我用以堅持這些信念的毅力，是她對我感興趣的、超過其它一切的首要原因。事實是，我在認識她以前，這種見解在我心裏不過是抽象的原理。我認為婦女在法律上從屬於他人是毫無理由的，與男人不應從屬於他人一樣；我相信女人的利益應該像男人的利益一樣受到全面保護。如果在制訂約束她們的法律方面女人沒有與男子同樣的權利，保護她們的利益就是一句空話。在我的《論婦女的從屬地位》一書中所表述的關於婦女實際無限忍受的無能狀況的概念，主要是從她的教導中得來。如果沒有她對人性的寶貴知識和對道德與社會影響的理解，雖然我無疑也會有現在的見解，但是對於女人卑下地位造成的後果與現存社會的全部罪惡和人類進步的全部困難纏在一起的情況，就不能充分認識。她在這個問題上有這樣多的優秀思想，我未能把它們記述在文章中，我想起來就感到痛苦；倘

若她能將對這個問題的全部思想寫下來，或者她能活得長些，將我不完善的陳述加以修正和補充（她肯定願意做到），那麼我這部小小的論著也不致於如此不周全。

③我寫《邏輯學體系》時直接給我幫助者只有貝恩先生，後來他的哲學著作受到公正的稱讚。原稿在送印前經他仔細閱讀，他補充了許多科學例證，因而豐富了內容；許多例證和一些他為確證我邏輯觀點所作的片斷解說，我差不多都原封不動地接納了。

孔德對我的幫助僅限於他的著作，即他的《實證哲學體系》當時已出版的一部分。從我上文看出，我所得到的益處比人們所認為的要少得多。《邏輯學體系》第一卷包括全書基本理論，絕大部分是我未見孔德著作時完成的。我從他那裏吸收許多有價值的思想，尤其是〈論假設〉那一章和代數學的邏輯觀點。只是在最後一卷《論道德科學的邏輯》裏，才對我邏輯法應用的概念有重大的影響。這種影響我在本書上半部已有敘述和說明。

④寥寥數行說明她對此書所起作用的致謝語，印在《政治經濟學原理》第一版的一些贈送本前面。就是因為她不願引起公眾的注意，所以在此書的其它版本中都沒有印上這段話。

⑤以上是一八六一年或一八六一年以前寫成或修改的，以下是一八七〇年所寫。

⑥一八六九年。

⑦這位真正的英雄人物在被俘後說，他只有被絞死的價值。這句話包含著機智、聰明和自我獻身精神，使人聯想起托馬斯·莫爾。

⑧第一次演説是回答洛先生的演講，他的演講又是回答布賴特先生關於「牛瘟法案」的發言。我的這次演講當時被認為有助於取消政府給予土地持有人第二次補償的規定，因為他們的牛隻的損失已經從提高未死牛隻的出售價格中得到一次補償。

⑨委員會中最積極的委員有議員泰勒先生，他一直忠誠於自由原則的事業，並精力充沛地為之奮鬥；還有戈爾德溫・史密斯先生、弗雷德里克・哈里森先生、斯萊克先生、夏米羅夫佐先生、沙恩先生和協會的名譽秘書切森先生。

⑩有一個時期我曾計算過，每星期至少收到一封恐嚇信。我注意到，在星期二早班郵件中寄來的恐嚇信特別多。我料想發信人是趁著星期日空閒把信寫好，在星期一投郵的。搜集一星期中各天的犯罪證據也許很有意思。然而我們可以説，在英格蘭星期日大概都是用作寫各種有罪或無罪信件的時候。——海倫・泰勒。

⑪這裏應該特別提到的一封信是關於「纍犯法案」（一八六九年八月十一日）和警察職責的，此信在報上發表後引起一部分人注意。這封充滿著新穎而有價值思想的信，完全是我女兒寫的，含義的確切與豐富顯示她有能力運用合適的手段來表達她的目的。這種手段是我望塵莫及的。

人名對照表

卡彭特，瑪麗 Carpenter，Mary
卡羅琳 Caroline
史密斯，戈爾德溫 Smith，Goldwin
司各特，沃爾特 Scott，Walter
尼布赫 Niebubr
尼克萊比 Nickleby
尼波斯，科尼利厄斯 Nepos，Comelius
尼科克萊姆 Nicoclem
布朗，約翰 Brown，John
布勒，查爾斯 Buller，Charles
布萊克，約翰 Black，John
布萊克斯通 Blackston
布雷德洛 Bradlaugh
布爾沃，亨利・利頓 Bulwer，Henry Lytton
布魯厄姆 Brougham
布魯克 Brooke
布魯圖斯 Brutns
布賴特 Bright
弗吉爾 Virgil
弗格森 Ferguson
弗勞爾 Flower
弗雷塞 Fraser
弗雷德里克 Frederic
本廷克，威廉 Bentinck，William
皮爾 Peel
艾爾 Eyre

四 畫

切森 Chesson
切森 Chesson
孔多塞 Condorcet
孔迪拉克 Condillac
孔德，奧古斯特 Comte，August
巴札爾 Bazard
巴克斯頓 Buxton
巴林，亞歷山大 Barins，Alexander
巴特勒 Butler
戈德史密斯 Goldsmith
方布蘭克 Fonblanque
比弗 Beaver
比爾斯 Beales
比徹姆，菲利普 Beauchamp，Philip
牛頓 Newton

五 畫

代什塔爾，居斯塔夫 d'Eichhal，Gustave
加里森 Garrison
加勒廷 Gallatin
卡佐特 Cazotte
卡萊爾 Carlyle
卡萊爾，理查德 Carlile，Richard

八 畫

六 畫

七 畫

查德威克　Chadwick
柯林斯　Collins
洛　Lowe
洛克　Locke
洛里默　Lorimer
洛約拉，伊格內休斯　Loyola，Ignatius
洪堡，威廉·馮　Humboldt，Wilhelmvon
科伯恩　Cockburn
科貝茨　Cobbetts
科爾里奇　Coleridge
胡克　Hooke

十　畫

韋伯　Weber
韋克菲爾德　Wakefield
唐古訶德　Don Quixote
埃內希斯　Heineccius
埃西夫龍　Euthyphron
埃利斯，威廉　Ellis，William
埃利奧特　Elliott，Hugh
埃奇沃思　Edgeworth
埃斯希尼斯用　Schines
夏米羅夫佐　Chamerovzow
席勒　Schiller
庫克　Cook
庫里埃　Courier
庫爾森，沃爾特　Coulson，Walter
朗曼　Longman
格拉德斯通　Gladstone
格林　Green
奈廷格爾　Nightingale
季奧尼休斯　Dionysius
帕克　Parker
帕斯卡爾　Pascal
帕默斯頓　Palmerston
拉瓦西埃　Lavoisier
拉斐特　Lafayette
拉斯基，哈羅德　Laski，Harold J.
拉普拉斯　Laplace
拉塞爾　Russell
昂方坦　Enfatin
昂拉達　Anglada
昆蒂良　Quintilian
明高特　Mingault
波利維烏斯　Polybius
波特　Potter，T.B.
迪斯雷利　Disraeli
門格爾　Menger

九　畫

保利　Paoli
修厄爾　Sewell
哈里森，弗雷德里克　Harrison，Frederick
哈特利　Hartley
哈德菲爾德　Hadfield
威克利夫　Wickliffe
威爾伯福斯　Wilberforce，Samuel
拜倫　Byron
既普勒　Kepler
柏拉圖　Plato

十一畫

十二畫

福代斯　Fordyce
福西特　Fawcett
福克斯　Fox
福蒂斯丘　Fortescue
聖西門　St.Simon
蒲伯　Pope
賈維納爾　Juvenal
圖克，威廉・艾頓
Took，William Eyton
奧古斯丁，聖　Augustine，Saint
奧康內爾　O'Connell
奧斯丁，查爾斯　Austin，Charles
奧斯丁，約翰　Austin，John
奧爾德里奇　Aldrich
奧維德　Ovid

十四畫

漢密爾頓　Hamilton
維利爾斯，查爾斯　Villiers，Charles
維利爾斯，喬治　Villiers，George
賓厄姆　Bingham
赫斯基森　Huskisson
赫謝爾　Herschel

十五畫

德比　Derby
德拉姆　Durham
德雷克　Drake
德賴登　Dryden
歐文　Owen
斯蒂芬，萊斯利　Stephen，Leslie
斯蒂芬，菲茨詹姆斯
Stephen，Fitz-James
斯圖爾特，杜加爾德　Stewart，Dugald
斯圖爾特，約翰　Stuart，John
斯圖爾特，珍　Stuart，Jane
斯潘塞　Spenser
普林　Pulling
普雷斯科特　Prescott
普雷德　Praed
普魯塔克　Plutarch
普羅旺薩爾　Provencal
湯姆森，威廉　Thomson William
湯姆森，查爾斯・波利特
Thomson，Charles Poulett
湯普森，佩羅內特
Thompson，Perronet
菲立普二世和三世
Philip the Second and Third
費希特　Fichte
費德勒斯　Phaedrus
賀拉斯　Horace
達菲　Duffy
黑爾　Hare

十三畫

塞奇威克　Sedgwick
愛爾維修　Helvetius
愛德華　Edward
歌德　Goethe
瑟沃爾　Thirlwall

十 六 畫

十七畫以上

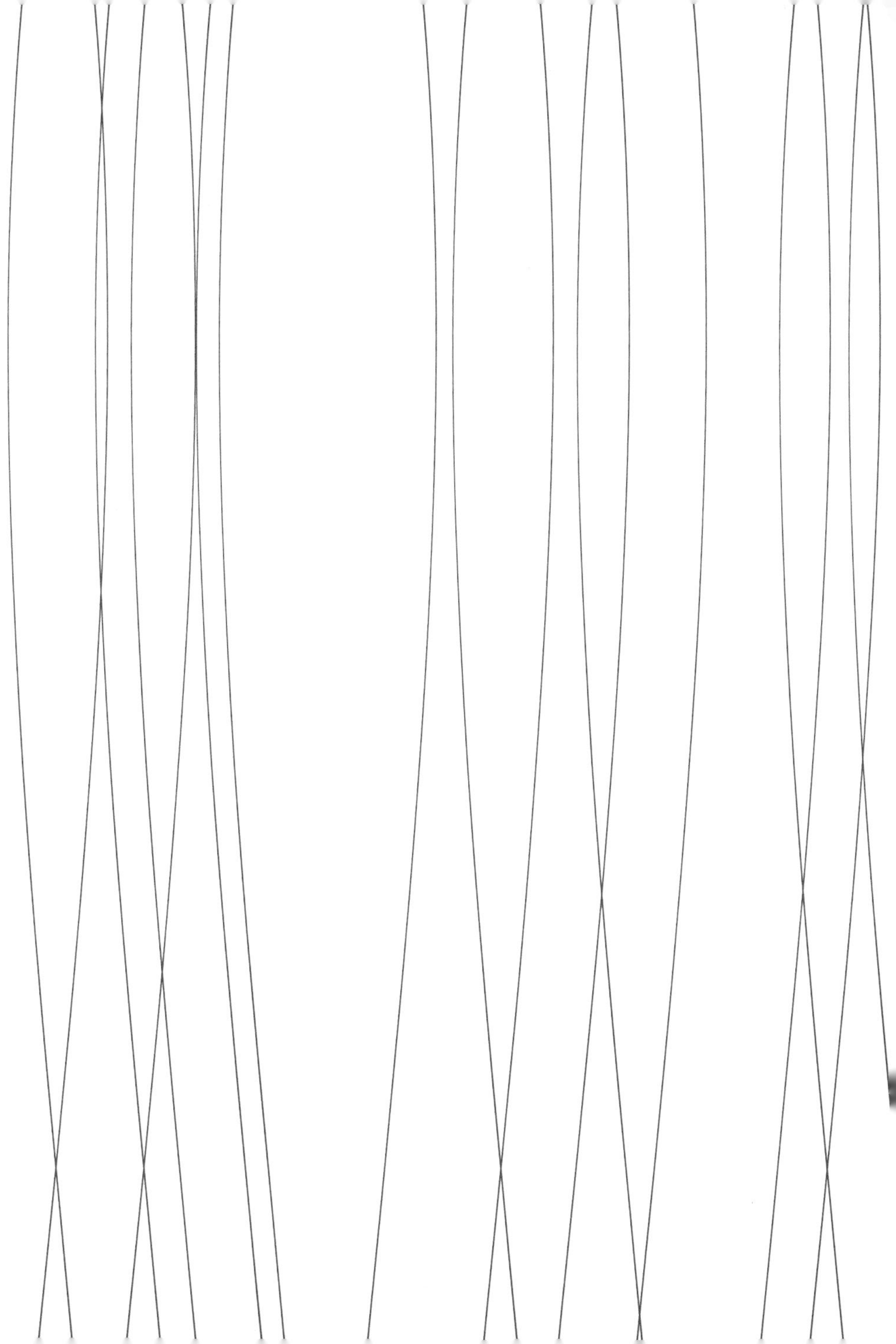

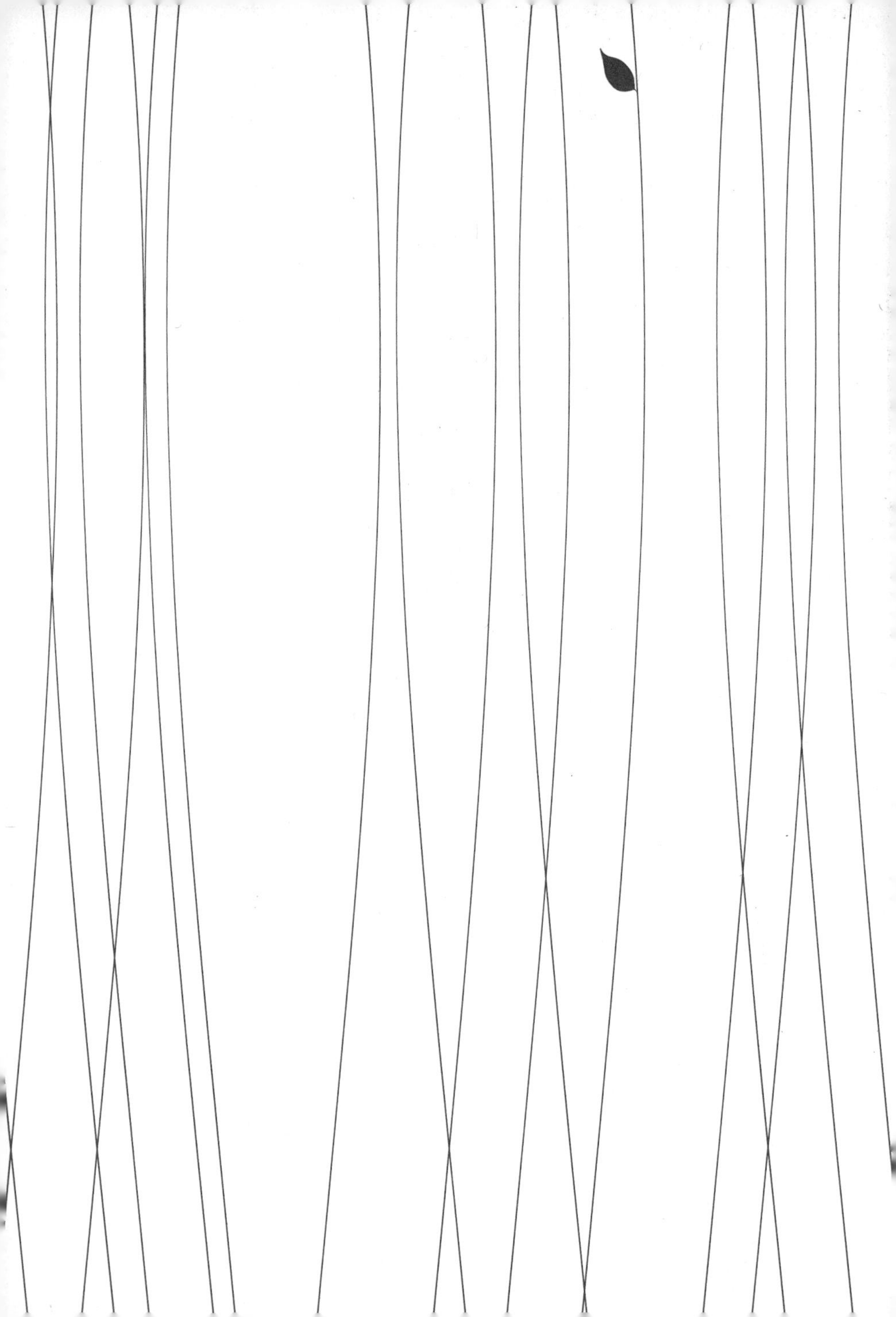